TEMPEH
&
SEITAN KOCHBUCH
FÜR VEGANER

50 GESUNDE REZEPTE

FÜR EINE GUTE GESUNDHEIT

LUDOVIC PFEIFFER

INHALTSVERZEICHNIS

EINFÜHRUNG

Tempeh und Seitan sind in vegetarischen, veganen, Vollwert- und makrobiotischen Kreisen weit verbreitet.

Tempeh ist ein traditionelles javanisches Sojaprodukt, das aus fermentierten Sojabohnen hergestellt wird. Es wird durch einen natürlichen Kultivierungs- und kontrollierten Fermentationsprozess hergestellt, der Sojabohnen in eine Kuchenform bindet. Ein Pilz wird im Fermentationsprozess verwendet und ist auch als Tempeh-Starter bekannt.

Tempeh hat eine fleischige, feste Textur und nimmt Aromen sehr gut auf, sodass Sie wirklich mit verschiedenen Marinaden, Saucen und Gewürzmischungen experimentieren können. ... Es ist nicht nur sein Geschmack, seine Vielseitigkeit und sein Ernährungsprofil, die Tempeh zu einer großartigen Proteinquelle machen. Es ist auch eine viel nachhaltigere Option im Vergleich zu Fleisch.

Seitan hingegen ist ein Lebensmittel aus Gluten, dem Hauptprotein des Weizens. Es wird hergestellt, indem Weizenmehlteig mit Wasser gewaschen wird, bis alle Stärkekörner entfernt sind, wobei das klebrige unlösliche Gluten als elastische Masse zurückbleibt, die dann vor dem Verzehr gekocht wird. Seitan enthält 72 Gramm pflanzliches Protein pro Tasse, daher entscheiden sich viele Menschen, die sich vegan ernähren, für den Verzehr des Lebensmittels aufgrund seines hohen Proteingehalts, seiner Zugänglichkeit und seiner Vielseitigkeit. Das ist auch der Grund, warum viele vegetarische und vegane Fleischprodukte auf Seitan basieren.

TEMPEH

1. Spaghetti nach Carbonara-Art

Ergibt 4 Portionen

- 2 Esslöffel Olivenöl
- 3 mittelgroße Schalotten, gehackt
- 4 Unzen Tempeh Speck, hausgemacht (siehe Tempeh Bacon) oder im Laden gekauft, gehackt

- 1 Tasse ungesüßte Sojamilch
- ½ Tasse weicher oder seidiger Tofu, abgetropft
- ¼ Tasse Nährhefe
- Salz und frisch gemahlener schwarzer Pfeffer
- 1 Pfund Spaghetti
- 3 Esslöffel gehackte frische Petersilie

In einer großen Pfanne das Öl bei mittlerer Hitze erhitzen. Fügen Sie die Schalotten hinzu und kochen Sie bis zart, ungefähr 5 Minuten. Fügen Sie den Tempeh-Speck hinzu und kochen Sie ihn unter häufigem Rühren etwa 5 Minuten lang, bis er leicht gebräunt ist. Beiseite legen.

Kombinieren Sie in einem Mixer Sojamilch, Tofu, Nährhefe sowie Salz und Pfeffer nach Geschmack. Mixen, bis alles glatt ist. Beiseite legen.

In einem großen Topf mit kochendem Salzwasser die Spaghetti bei mittlerer Hitze kochen und gelegentlich etwa 10 Minuten lang al dente rühren. Gut abtropfen lassen und in eine große Schüssel geben. Fügen Sie die Tofu-Mischung, 1/4 Tasse Parmesan und alle bis auf 2 Esslöffel der Tempeh-Speck-Mischung hinzu.

Zum Kombinieren und Schmecken vorsichtig umrühren, bei Bedarf die Gewürze anpassen und bei zu trockener etwas mehr Sojamilch hinzufügen. Mit mehreren Pfeffermühlen, dem restlichen Tempeh-Speck, dem restlichen Parmesan und der Petersilie belegen. Sofort servieren.

2. Tempeh und Gemüse unter Rühren braten

Ergibt 4 Portionen

- 10 Unzen Tempeh
- Salz und frisch gemahlener schwarzer Pfeffer
- 2 Teelöffel Maisstärke
- 4 Tassen kleine Brokkoliröschen
- 2 Esslöffel Raps oder Traubenkernöl
- 2 Esslöffel Sojasauce
- 2 Esslöffel Wasser
- 1 Esslöffel Mirin
- ^{1}/2 Teelöffel zerkleinerte rote Paprika
- 2 Teelöffel geröstetes Sesamöl
- 1 mittelrote Paprika, in 1/2-Zoll-Scheiben geschnitten
- 6 Unzen weiße Pilze, leicht gespült, trocken getupft und in 1/2-Zoll-Scheiben geschnitten
- 2 gehackte Knoblauchzehen
- 3 Esslöffel gehackte Frühlingszwiebeln

- 1 Teelöffel geriebener frischer Ingwer

In einem mittelgroßen Topf mit siedendem Wasser das Tempeh 30 Minuten kochen. Abgießen, trocken tupfen und zum Abkühlen beiseite stellen. Schneiden Sie das Tempeh in 1/2-Zoll-Würfel und legen Sie es in eine flache Schüssel. Mit Salz und schwarzem Pfeffer abschmecken, mit der Maisstärke bestreuen und zum Überziehen werfen. Beiseite legen.

Den Brokkoli leicht dünsten, bis er fast zart ist, ca. 5 Minuten. Unter kaltem Wasser laufen lassen, um den Garvorgang zu stoppen und die hellgrüne Farbe beizubehalten. Beiseite legen.

In einer großen Pfanne oder einem Wok 1 Esslöffel Rapsöl bei mittlerer bis hoher Hitze erhitzen. Fügen Sie das Tempeh hinzu und braten Sie es etwa 5 Minuten lang goldbraun an. Aus der Pfanne nehmen und beiseite stellen.

Kombinieren Sie in einer kleinen Schüssel Sojasauce, Wasser, Mirin, zerkleinerten roten Pfeffer und Sesamöl. Beiseite legen.

Erhitzen Sie dieselbe Pfanne bei mittlerer bis hoher Hitze. Fügen Sie den restlichen 1 Esslöffel Rapsöl hinzu. Fügen Sie die Paprika und die Pilze hinzu und braten Sie sie ca. 3 Minuten lang, bis sie weich sind. Fügen Sie den Knoblauch, die Frühlingszwiebeln und den Ingwer hinzu und braten Sie 1 Minute unter Rühren. Den gedämpften Brokkoli und das gebratene Tempeh hinzufügen und 1 Minute unter Rühren braten. Rühren Sie die Sojasaucenmischung ein und braten Sie sie an, bis das Tempeh und das Gemüse heiß und gut mit der Sauce überzogen sind. Sofort servieren.

3. Teriyaki Tempeh

Ergibt 4 Portionen

- 1 Pfund Tempeh, in 1/4-Zoll-Scheiben schneiden
- ¼ Tasse frischer Zitronensaft
- 1 Teelöffel gehackter Knoblauch
- 2 Esslöffel gehackte Frühlingszwiebeln
- 2 Teelöffel geriebener frischer Ingwer
- 1 Esslöffel Zucker
- 2 Esslöffel geröstetes Sesamöl
- 1 Esslöffel Maisstärke
- 2 Esslöffel Wasser
- 2 Esslöffel Raps oder Traubenkernöl

In einem mittelgroßen Topf mit siedendem Wasser das Tempeh 30 Minuten kochen. Abgießen und in eine große flache Schüssel geben. Kombinieren Sie in einer kleinen Schüssel Sojasauce, Zitronensaft, Knoblauch, Frühlingszwiebeln, Ingwer, Zucker, Sesamöl, Maisstärke und Wasser. Gut mischen, dann die Marinade über das gekochte Tempeh gießen und zum Überziehen wenden. Das Tempeh 1 Stunde lang marinieren.

In einer großen Pfanne das Rapsöl bei mittlerer Hitze erhitzen. Entfernen Sie das Tempeh aus der Marinade und reservieren Sie die Marinade. Das Tempeh in die heiße Pfanne geben und auf beiden Seiten goldbraun kochen, ca. 4 Minuten pro Seite. Die reservierte Marinade hinzufügen und ca. 8 Minuten köcheln lassen, bis die Flüssigkeit eindickt. Sofort servieren.

4. Gegrilltes Tempeh

Ergibt 4 Portionen

- 1 Pfund Tempeh, in 2-Zoll-Riegel geschnitten
- 2 Esslöffel Olivenöl
- 1 mittelgroße Zwiebel, gehackt
- 1 mittelrote Paprika, gehackt
- 2 gehackte Knoblauchzehen
- (14,5 Unzen) können Tomaten zerkleinern
- 2 Esslöffel dunkle Melasse
- 2 Esslöffel Apfelessig
- Esslöffel Sojasauce
- 2 Teelöffel würziger brauner Senf
- 1 Esslöffel Zucker
- ½ Teelöffel Salz
- ¼ Teelöffel gemahlener Piment
- ¼ Teelöffel gemahlener Cayennepfeffer

In einem mittelgroßen Topf mit siedendem Wasser das Tempeh 30 Minuten kochen. Abgießen und beiseite stellen.

In einem großen Topf 1 Esslöffel Öl bei mittlerer Hitze erhitzen. Fügen Sie die Zwiebel, Paprika und Knoblauch hinzu. Abdecken und ca. 5 Minuten kochen, bis sie weich sind. Tomaten, Melasse, Essig, Sojasauce, Senf, Zucker, Salz, Piment und Cayennepfeffer unterrühren und zum Kochen bringen. Reduzieren Sie die Hitze auf niedrig und köcheln Sie unbedeckt 20 Minuten lang.

In einer großen Pfanne den restlichen 1 Esslöffel Öl bei mittlerer Hitze erhitzen. Fügen Sie das Tempeh hinzu und kochen Sie es goldbraun. Drehen Sie es einmal etwa 10 Minuten lang. Fügen Sie genug von der Sauce hinzu, um das Tempeh großzügig zu beschichten. Abdecken und ca. 15 Minuten köcheln lassen, um die Aromen zu mischen. Sofort servieren.

5. Orange-Bourbon Tempeh

Ergibt 4 bis 6 Portionen

- 2 Tassen Wasser
- 1/2 Tasse Sojasauce
- dünne Scheiben frischer Ingwer
- 2 Knoblauchzehen, in Scheiben schneiden
- 1 Pfund Tempeh, in dünne Scheiben schneiden
- Salz und frisch gemahlener schwarzer Pfeffer
- 1/4 Tasse Raps oder Traubenkernöl
- 1 Esslöffel hellbrauner Zucker
- 1/8 Teelöffel gemahlener Piment
- 1/3 Tasse frischer Orangensaft
- 1/4 Tasse Bourbon oder 5 Orangenscheiben, halbiert
- 1 Esslöffel Maisstärke gemischt mit 2 Esslöffel Wasser

Kombinieren Sie in einem großen Topf Wasser, Sojasauce, Ingwer, Knoblauch und Orangenschale. Das Tempeh in die Marinade geben und zum Kochen bringen. Hitze reduzieren und 30 Minuten köcheln lassen. Entfernen Sie das Tempeh aus der Marinade und reservieren Sie die Marinade. Das Tempeh nach Belieben mit Salz und Pfeffer bestreuen. Legen Sie das Mehl in eine flache Schüssel. Das gekochte Tempeh in das Mehl eintauchen und beiseite stellen.

In einer großen Pfanne das Öl bei mittlerer Hitze erhitzen. Fügen Sie das Tempeh bei Bedarf in Chargen hinzu und kochen Sie es ca. 4 Minuten pro Seite, bis es auf beiden Seiten braun ist. Nach und nach die reservierte Marinade einrühren. Zucker, Piment, Orangensaft und Bourbon hinzufügen. Das Tempeh mit den Orangenscheiben belegen. Abdecken und ca. 20 Minuten köcheln lassen, bis die Sauce sirupartig ist und die Aromen verschmolzen sind.

Entfernen Sie das Tempeh mit einem geschlitzten Löffel oder Spatel aus der Pfanne und geben Sie es auf eine Servierplatte. Warm halten. Die Maisstärkemischung in die Sauce geben und unter Rühren kochen, um sie zu verdicken. Reduzieren Sie die Hitze auf niedrig und köcheln Sie unbedeckt unter ständigem Rühren, bis die Sauce eingedickt ist. Die Sauce über das Tempeh geben und sofort servieren.

6. Tempeh und Süßkartoffeln

Ergibt 4 Portionen

- 1 Pfund Tempeh
- 2 Esslöffel Sojasauce
- 1 Teelöffel gemahlener Koriander
- 1/2 Teelöffel Kurkuma
- 2 Esslöffel Olivenöl
- 3 große Schalotten, gehackt
- 1 oder 2 mittelgroße Süßkartoffeln, geschält und in 1/2-Zoll-Würfel geschnitten
- 2 Teelöffel geriebener frischer Ingwer
- 1 Tasse Ananassaft
- 2 Teelöffel hellbrauner Zucker
- Saft von 1 Limette

In einem mittelgroßen Topf mit siedendem Wasser das Tempeh 30 Minuten kochen. Übertragen Sie es in eine flache Schüssel. Fügen Sie 2 Esslöffel Sojasauce, Koriander und Kurkuma hinzu und werfen Sie sie zum Überziehen. Beiseite legen.

In einer großen Pfanne 1 Esslöffel Öl bei mittlerer Hitze erhitzen. Fügen Sie das Tempeh hinzu und kochen Sie es, bis es auf beiden Seiten braun ist, ungefähr 4 Minuten pro Seite. Aus der Pfanne nehmen und beiseite stellen.

In der gleichen Pfanne die restlichen 2 Esslöffel Öl bei mittlerer Hitze erhitzen. Fügen Sie die Schalotten und Süßkartoffeln hinzu. Abdecken und ca. 10 Minuten kochen, bis sie leicht erweicht und leicht gebräunt sind. Ingwer, Ananassaft, den restlichen 1 Esslöffel Sojasauce und Zucker unter Rühren einrühren. Reduzieren Sie die Hitze auf niedrig, fügen Sie das gekochte Tempeh hinzu, decken Sie es ab und kochen Sie es etwa 10 Minuten lang, bis die Kartoffeln weich sind. Das Tempeh und die Süßkartoffeln auf eine Servierplatte geben und warm halten. Rühre den Limettensaft in die Sauce und koche 1 Minute lang, um die Aromen zu mischen. Die Sauce über das Tempeh träufeln und sofort servieren.

7. Kreolisches Tempeh

Ergibt 4 bis 6 Portionen

- 1 Pfund Tempeh, in 1/4-Zoll-Scheiben schneiden
- ¼ Tasse Sojasauce
- 2 Esslöffel kreolisches Gewürz
- ½ Tasse Allzweckmehl
- 2 Esslöffel Olivenöl
- 1 mittel süße gelbe Zwiebel, gehackt
- 2 Sellerierippen, gehackt
- 1 mittelgrüner Paprika, gehackt
- 3 gehackte Knoblauchzehen
- 1 (14,5 Unzen) Dose Tomatenwürfel, abgetropft
- 1 Teelöffel getrockneter Thymian
- ½ Tasse trockener Weißwein
- Salz und frisch gemahlener schwarzer Pfeffer

Legen Sie das Tempeh in einen großen Topf mit genügend Wasser, um es zu bedecken. Fügen Sie die Sojasauce und 1 Esslöffel der kreolischen Gewürze hinzu. Abdecken und 30 Minuten köcheln lassen. Entfernen Sie das Tempeh aus der Flüssigkeit und legen Sie es beiseite, wobei Sie die Flüssigkeit aufbewahren.

Kombinieren Sie in einer flachen Schüssel das Mehl mit den restlichen 2 Esslöffeln kreolischen Gewürzen und mischen Sie gut. Das Tempeh in die Mehlmischung eintauchen und gut überziehen. In einer großen Pfanne 1 Esslöffel Öl bei mittlerer Hitze erhitzen. Fügen Sie das ausgebaggerte Tempeh hinzu und kochen Sie es, bis es auf beiden Seiten braun ist, ungefähr 4 Minuten pro Seite. Nehmen Sie das Tempeh aus der Pfanne und legen Sie es beiseite.

In der gleichen Pfanne den restlichen 1 Esslöffel Öl bei mittlerer Hitze erhitzen. Zwiebel, Sellerie, Paprika und Knoblauch hinzufügen. Abdecken und ca. 10 Minuten kochen, bis das Gemüse weich ist. Rühren Sie die Tomaten ein und geben Sie das Tempeh zusammen mit Thymian, Wein und 1 Tasse der reservierten kochenden Flüssigkeit wieder in die Pfanne. Mit Salz und Pfeffer abschmecken. Zum Kochen bringen und unbedeckt etwa 30 Minuten kochen lassen, um die Flüssigkeit zu reduzieren und die Aromen zu mischen. Sofort servieren.

8. Tempeh mit Zitrone und Kapern

Ergibt 4 bis 6 Portionen

- 1 Pfund Tempeh, horizontal in 1/4-Zoll-Scheiben schneiden
- ½ Tasse Sojasauce
- ½ Tasse Allzweckmehl
- Salz und frisch gemahlener schwarzer Pfeffer
- 2 Esslöffel Olivenöl
- 2 mittelgroße Schalotten, gehackt
- 2 gehackte Knoblauchzehen
- 2 Esslöffel Kapern
- ½ Tasse trockener Weißwein
- ½ Tasse Gemüsebrühe, hausgemacht (sieheLeichte Gemüsebrühe) oder im Laden gekauft
- 2 Esslöffel vegane Margarine
- Saft von 1 Zitrone
- 2 Esslöffel gehackte frische Petersilie

Legen Sie das Tempeh in einen großen Topf mit genügend Wasser, um es zu bedecken. Fügen Sie die Sojasauce hinzu und kochen Sie sie 30 Minuten lang. Das Tempeh aus dem Topf nehmen und zum Abkühlen beiseite stellen. Mehl, Salz und Pfeffer in einer flachen Schüssel nach Geschmack vermengen. Das Tempeh in die Mehlmischung eintauchen und beide Seiten bestreichen. Beiseite legen.

In einer großen Pfanne 2 Esslöffel Öl bei mittlerer Hitze erhitzen. Fügen Sie das Tempeh bei Bedarf in Chargen hinzu und kochen Sie es, bis es auf beiden Seiten braun ist, insgesamt etwa 8 Minuten. Nehmen Sie das Tempeh aus der Pfanne und legen Sie es beiseite.

In der gleichen Pfanne den restlichen 1 Esslöffel Öl bei mittlerer Hitze erhitzen. Fügen Sie die Schalotten hinzu und kochen Sie ungefähr 2 Minuten. Fügen Sie den Knoblauch hinzu und rühren Sie die Kapern, den Wein und die Brühe ein. Das Tempeh wieder in die Pfanne geben und 6 bis 8 Minuten köcheln lassen. Margarine, Zitronensaft und Petersilie unter Rühren einrühren, um die Margarine zu schmelzen. Sofort servieren.

9. Tempeh mit Ahorn & Balsamico Glasur

Ergibt 4 Portionen

- 1 Pfund Tempeh, in 2-Zoll-Riegel geschnitten
- 2 Esslöffel Balsamico-Essig
- 2 Esslöffel reiner Ahornsirup
- 1 1/2 Esslöffel würziger brauner Senf
- 1 Teelöffel Tabasco-Sauce
- 1 Esslöffel Olivenöl
- 2 gehackte Knoblauchzehen
- 1/2 Tasse Gemüsebrühe, hausgemacht (sieheLeichte Gemüsebrühe) oder im Laden gekauftes Salz und frisch gemahlener schwarzer Pfeffer

In einem mittelgroßen Topf mit siedendem Wasser das Tempeh 30 Minuten kochen. Abtropfen lassen und trocken tupfen.

Kombinieren Sie in einer kleinen Schüssel Essig, Ahornsirup, Senf und Tabasco. Beiseite legen.

In einer großen Pfanne das Öl bei mittlerer Hitze erhitzen. Fügen Sie das Tempeh hinzu und kochen Sie es, bis es auf beiden Seiten braun ist. Drehen Sie es einmal, ungefähr 4 Minuten pro Seite. Fügen Sie den Knoblauch hinzu und kochen Sie 30 Sekunden länger.

Brühe einrühren und mit Salz und Pfeffer abschmecken. Erhöhen Sie die Hitze auf mittelhoch und kochen Sie unbedeckt etwa 3 Minuten lang oder bis die Flüssigkeit fast verdunstet ist.

Fügen Sie die reservierte Senfmischung hinzu und kochen Sie sie 1 bis 2 Minuten lang. Drehen Sie das Tempeh, um es mit der Sauce zu bestreichen, und glasieren Sie es gut. Achten Sie darauf, nicht zu verbrennen. Sofort servieren.

10. Verlockendes Tempeh Chili

Ergibt 4 bis 6 Portionen

- 1 Pfund Tempeh
- 1 Esslöffel Olivenöl
- 1 mittelgelbe Zwiebel, gehackt
- 1 mittelgrüner Paprika, gehackt
- 2 gehackte Knoblauchzehen
- Esslöffel Chilipulver
- 1 Teelöffel getrockneter Oregano
- 1 Teelöffel gemahlener Kreuzkümmel

- (28 Unzen) können Tomaten zerkleinern
- ¹⁄2 Tasse Wasser und bei Bedarf mehr
- 11⁄2 Tassen gekocht oder 1 (15,5 Unzen) können Pintobohnen abtropfen lassen und abspülen
- 1 (4 Unzen) Dose gehackte milde grüne Chilis, abgetropft
- Salz und frisch gemahlener schwarzer Pfeffer
- 2 Esslöffel gehackter frischer Koriander

In einem mittelgroßen Topf mit siedendem Wasser das Tempeh 30 Minuten kochen. Abgießen und abkühlen lassen, dann fein hacken und beiseite stellen.

In einem großen Topf das Öl erhitzen. Fügen Sie die Zwiebel, Paprika und Knoblauch hinzu, decken Sie sie ab und kochen Sie sie ca. 5 Minuten lang, bis sie weich sind. Fügen Sie das Tempeh hinzu und kochen Sie es unbedeckt etwa 5 Minuten lang, bis es goldbraun ist. Chilipulver, Oregano und Kreuzkümmel hinzufügen. Tomaten, Wasser, Bohnen und Chilischoten einrühren. Mit Salz und schwarzem Pfeffer abschmecken. Zum Mischen gut mischen.

Zum Kochen bringen, dann die Hitze auf niedrig reduzieren, abdecken und 45 Minuten köcheln lassen, dabei gelegentlich umrühren und bei Bedarf etwas mehr Wasser hinzufügen.

Mit Koriander bestreuen und sofort servieren.

11. Tempeh Cacciatore

Ergibt 4 bis 6 Portionen

- 1 Pfund Tempeh, in dünne Scheiben geschnitten
- 2 Esslöffel Raps- oder Traubenkernöl
- 1 mittelrote Zwiebel, in 1/2-Zoll-Würfel geschnitten
- mittelrote Paprika, in 1/2-Zoll-Würfel geschnitten
- mittlere Karotte, in 1/4-Zoll-Scheiben geschnitten
- 2 gehackte Knoblauchzehen
- 1 (28 Unzen) Dose Tomatenwürfel, abgetropft
- ¼ Tasse trockener Weißwein
- 1 Teelöffel getrockneter Oregano
- 1 Teelöffel getrocknetes Basilikum
- Salz und frisch gemahlener schwarzer Pfeffer

In einem mittelgroßen Topf mit siedendem Wasser das Tempeh 30 Minuten kochen. Abtropfen lassen und trocken tupfen.

In einer großen Pfanne 1 Esslöffel Öl bei mittlerer Hitze erhitzen. Fügen Sie das Tempeh hinzu und kochen Sie es, bis es auf beiden Seiten braun ist, insgesamt 8 bis 10 Minuten. Aus der Pfanne nehmen und beiseite stellen.

In der gleichen Pfanne den restlichen 1 Esslöffel Öl bei mittlerer Hitze erhitzen. Fügen Sie die Zwiebel, Paprika, Karotte und Knoblauch hinzu. Abdecken und ca. 5 Minuten kochen, bis sie weich sind. Fügen Sie die Tomaten, Wein, Oregano, Basilikum und Salz und schwarzen Pfeffer hinzu, um zu schmecken und zum Kochen zu bringen. Reduzieren Sie die Hitze auf niedrig, fügen Sie das reservierte Tempeh hinzu und köcheln Sie unbedeckt, bis das Gemüse weich und die Aromen gut kombiniert sind (ca. 30 Minuten). Sofort servieren.

12. Indonesischer Tempeh In Kokosnusssauce

Ergibt 4 bis 6 Portionen

- 1 Pfund Tempeh, in 1/4-Zoll-Scheiben schneiden
- 2 Esslöffel Raps oder Traubenkernöl
- 1 mittelgelbe Zwiebel, gehackt
- 3 gehackte Knoblauchzehen
- 1 mittelrote Paprika, gehackt
- 1 mittelgrüner Paprika, gehackt
- 1 oder 2 kleine Serrano oder andere frische scharfe Chilis, entkernt und gehackt
- 1 (14,5 Unzen) Dose Tomatenwürfel, abgetropft
- 1 (13,5 Unzen) kann ungesüßte Kokosmilch
- Salz und frisch gemahlener schwarzer Pfeffer
- 1/2 Tasse ungesalzene geröstete Erdnüsse, gemahlen oder zerkleinert, zum Garnieren
- 2 Esslöffel gehackter frischer Koriander zum Garnieren

In einem mittelgroßen Topf mit siedendem Wasser das Tempeh 30 Minuten kochen. Abtropfen lassen und trocken tupfen.

In einer großen Pfanne 1 Esslöffel Öl bei mittlerer Hitze erhitzen. Fügen Sie das Tempeh hinzu und kochen Sie es ungefähr 10 Minuten lang, bis es auf beiden Seiten goldbraun ist. Aus der Pfanne nehmen und beiseite stellen.

In der gleichen Pfanne den restlichen 1 Esslöffel Öl bei mittlerer Hitze erhitzen. Fügen Sie die Zwiebel, den Knoblauch, die roten und grünen Paprikaschoten und die Chilischoten hinzu. Abdecken und ca. 5 Minuten kochen, bis sie weich sind. Tomaten und Kokosmilch einrühren. Hitze reduzieren, das reservierte Tempeh hinzufügen, mit Salz und Pfeffer abschmecken und unbedeckt köcheln lassen, bis die Sauce leicht reduziert ist (ca. 30 Minuten). Mit Erdnüssen und Koriander bestreuen und sofort servieren.

13. Ingwer-Erdnuss-Tempeh

Ergibt 4 Portionen

- 1 Pfund Tempeh, in 1/2-Zoll-Würfel schneiden
- 2 Esslöffel Raps oder Traubenkernöl
- mittelrote Paprika, in 1/2-Zoll-Würfel geschnitten
- 3 Knoblauchzehen, gehackt
- kleines Bündel Frühlingszwiebeln, gehackt
- 2 Esslöffel geriebener frischer Ingwer
- 2 Esslöffel Sojasauce
- 1 Esslöffel Zucker
- 1/4 Teelöffel zerkleinerter roter Pfeffer
- 1 Esslöffel Maisstärke
- 1 Tasse Wasser
- 1 Tasse zerkleinerte ungesalzene geröstete Erdnüsse
- 2 Esslöffel gehackter frischer Koriander

In einem mittelgroßen Topf mit siedendem Wasser das Tempeh 30 Minuten kochen. Abtropfen lassen und trocken tupfen. In einer großen Pfanne oder einem Wok das Öl bei mittlerer Hitze erhitzen. Fügen Sie das Tempeh hinzu und kochen Sie es ca. 8 Minuten lang, bis es leicht gebräunt ist. Fügen Sie die Paprika hinzu und braten Sie sie ca. 5 Minuten lang, bis sie weich ist. Fügen Sie den Knoblauch, die Frühlingszwiebeln und den Ingwer hinzu und braten Sie ihn 1 Minute lang, bis er duftet.

Kombinieren Sie in einer kleinen Schüssel Sojasauce, Zucker, zerkleinerten roten Pfeffer, Maisstärke und Wasser. Gut mischen, dann in die Pfanne gießen. 5 Minuten unter Rühren kochen, bis es leicht eingedickt ist. Erdnüsse und Koriander unterrühren. Sofort servieren.

14. Tempeh mit Kartoffeln und Kohl

Ergibt 4 Portionen

- 1 Pfund Tempeh, in 1/2-Zoll-Würfel schneiden
- 2 Esslöffel Raps oder Traubenkernöl
- 1 mittelgelbe Zwiebel, gehackt
- 1 mittelgroße Karotte, gehackt
- 1 1/2 Esslöffel süßer ungarischer Paprika
- 2 mittelgroße rostrote Kartoffeln, geschält und in 1/2-Zoll-Würfel geschnitten
- 3 Tassen Kohlschnitzel
- 1 (14,5 Unzen) Dose Tomatenwürfel, abgetropft
- 1/4 Tasse trockener Weißwein
- 1 Tasse Gemüsebrühe, hausgemacht (siehe Leichte Gemüsebrühe) oder im Laden gekauftes Salz und frisch gemahlener schwarzer Pfeffer
- 1/2 Tasse vegane saure Sahne, hausgemacht (sieheTofu Sauerrahm) oder im Laden gekauft (optional)

In einem mittelgroßen Topf mit siedendem Wasser das Tempeh 30 Minuten kochen. Abtropfen lassen und trocken tupfen.

In einer großen Pfanne 1 Esslöffel Öl bei mittlerer Hitze erhitzen. Fügen Sie das Tempeh hinzu und kochen Sie es ungefähr 10 Minuten lang, bis es auf beiden Seiten goldbraun ist. Tempeh entfernen und beiseite stellen.

In der gleichen Pfanne den restlichen 1 Esslöffel Öl bei mittlerer Hitze erhitzen. Fügen Sie die Zwiebel und die Karotte hinzu, decken Sie sie ab und kochen Sie sie etwa 10 Minuten lang, bis sie weich sind. Paprika, Kartoffeln, Kohl, Tomaten, Wein und Brühe einrühren und zum Kochen bringen. Mit Salz und Pfeffer abschmecken

Reduzieren Sie die Hitze auf mittel, fügen Sie das Tempeh hinzu und köcheln Sie unbedeckt 30 Minuten lang oder bis das Gemüse zart ist und die Aromen gemischt sind. Bei Verwendung die saure Sahne unterrühren und sofort servieren.

15. Südlicher Succotash-Eintopf

Ergibt 4 Portionen

- 10 Unzen Tempeh
- 2 Esslöffel Olivenöl
- 1 große süße gelbe Zwiebel, fein gehackt
- 2 mittelgroße rostrote Kartoffeln, geschält und in 1/2-Zoll-Würfel geschnitten
- 1 (14,5 Unzen) Dose Tomatenwürfel, abgetropft
- 1 Packung gefrorenes Succotash (16 Unzen)
- 2 Tassen Gemüsebrühe, hausgemacht (siehe Leichte Gemüsebrühe) oder im Laden gekauft oder Wasser
- 2 Esslöffel Sojasauce
- 1 Teelöffel trockener Senf
- 1 Teelöffel Zucker
- 1/2 Teelöffel getrockneter Thymian
- 1/2 Teelöffel gemahlener Piment
- 1/4 Teelöffel gemahlener Cayennepfeffer
- Salz und frisch gemahlener schwarzer Pfeffer

In einem mittelgroßen Topf mit siedendem Wasser das Tempeh 30 Minuten kochen. Abgießen, trocken tupfen und in 1-Zoll-Würfel schneiden.

In einer großen Pfanne 1 Esslöffel Öl bei mittlerer Hitze erhitzen. Fügen Sie das Tempeh hinzu und kochen Sie es ca. 10 Minuten lang, bis es auf beiden Seiten braun ist. Beiseite legen.

In einem großen Topf den restlichen 1 Esslöffel Öl bei mittlerer Hitze erhitzen. Fügen Sie die Zwiebel hinzu und kochen Sie sie 5 Minuten lang, bis sie weich ist. Fügen Sie die Kartoffeln, Karotten, Tomaten, Succotash, Brühe, Sojasauce, Senf, Zucker, Thymian, Piment und Cayennepfeffer hinzu. Mit Salz und Pfeffer abschmecken. Zum Kochen bringen, dann die Hitze auf niedrig reduzieren und das Tempeh hinzufügen. Bedeckt köcheln lassen, bis das Gemüse weich ist, gelegentlich umrühren, ca. 45 Minuten.

Etwa 10 Minuten vor dem Ende des Eintopfs den flüssigen Rauch einrühren. Probieren Sie die Gewürze und passen Sie sie gegebenenfalls an

Sofort servieren.

16. Gebackener Jambalaya-Auflauf

Ergibt 4 Portionen

- 10 Unzen Tempeh
- 2 Esslöffel Olivenöl
- 1 mittelgelbe Zwiebel, gehackt
- 1 mittelgrüner Paprika, gehackt
- 2 gehackte Knoblauchzehen
- 1 (28 Unzen) Dose Tomatenwürfel, ungetropft

- $^{1}/_{2}$ Tasse weißer Reis
- 11⁄2 Tassen Gemüsebrühe, hausgemacht (sieheLeichte Gemüsebrühe) oder im Laden gekauft oder Wasser
- 11⁄2 Tassen gekocht oder 1 (15,5 Unzen) können dunkelrote Kidneybohnen abtropfen lassen und abspülen
- 1 Esslöffel gehackte frische Petersilie
- 11⁄2 Teelöffel Cajun-Gewürz
- 1 Teelöffel getrockneter Thymian
- $^{1}/_{2}$ Teelöffel Salz
- $^{1}/_{4}$ Teelöffel frisch gemahlener schwarzer Pfeffer

In einem mittelgroßen Topf mit siedendem Wasser das Tempeh 30 Minuten kochen. Abtropfen lassen und trocken tupfen. In 1⁄2-Zoll-Würfel schneiden. Heizen Sie den Ofen auf 350 ° F vor.

In einer großen Pfanne 1 Esslöffel Öl bei mittlerer Hitze erhitzen. Fügen Sie das Tempeh hinzu und kochen Sie es ca. 8 Minuten lang, bis es auf beiden Seiten braun ist. Übertragen Sie das Tempeh in eine 9 x 13-Zoll-Auflaufform und beiseite stellen.

In der gleichen Pfanne den restlichen 1 Esslöffel Öl bei mittlerer Hitze erhitzen. Fügen Sie die Zwiebel, Paprika und Knoblauch hinzu. Abdecken und ca. 7 Minuten kochen, bis das Gemüse weich ist.

Die Gemüsemischung mit dem Tempeh in die Auflaufform geben. Rühren Sie die Tomaten mit ihrer Flüssigkeit, dem Reis, der Brühe, den Kidneybohnen, der Petersilie, dem Cajun-Gewürz, dem Thymian, dem Salz und dem schwarzen Pfeffer ein. Gut mischen, dann fest abdecken und ca. 1 Stunde backen, bis der Reis zart ist. Sofort servieren.

17. Tempeh und Süßkartoffeltorte

Ergibt 4 Portionen

- 8 Unzen Tempeh
- 3 mittelgroße Süßkartoffeln, geschält und in 1/2-Zoll-Würfel geschnitten
- 2 Esslöffel vegane Margarine
- 1/4 Tasse ungesüßte Sojamilch
- Salz und frisch gemahlener schwarzer Pfeffer
- 2 Esslöffel Olivenöl
- 1 mittelgelbe Zwiebel, fein gehackt
- 2 mittelgroße Karotten, gehackt
- 1 Tasse gefrorene Erbsen, aufgetaut
- 1 Tasse gefrorene Maiskörner, aufgetaut
- 1 1/2 TassenPilz Sauce
- 1/2 Teelöffel getrockneter Thymian

In einem mittelgroßen Topf mit siedendem Wasser das Tempeh 30 Minuten kochen. Abtropfen lassen und trocken tupfen. Das Tempeh fein hacken und beiseite stellen.

Die Süßkartoffeln ca. 20 Minuten zart dünsten. Heizen Sie den Ofen auf 350 ° F vor. Die Süßkartoffeln nach Belieben mit Margarine, Sojamilch sowie Salz und Pfeffer zerdrücken. Beiseite legen.

In einer großen Pfanne 1 Esslöffel Öl bei mittlerer Hitze erhitzen. Fügen Sie die Zwiebel und die Karotten hinzu, decken Sie sie ab und kochen Sie sie ca. 10 Minuten lang, bis sie weich sind. In eine 10-Zoll-Backform geben.

In der gleichen Pfanne den restlichen 1 Esslöffel Öl bei mittlerer Hitze erhitzen. Fügen Sie das Tempeh hinzu und kochen Sie es 8 bis 10 Minuten lang, bis es auf beiden Seiten braun ist. Das Tempeh mit der Zwiebel und den Karotten in die Backform geben. Erbsen, Mais und Pilzsauce einrühren. Fügen Sie den Thymian und Salz und Pfeffer hinzu, um zu schmecken. Umrühren, um zu kombinieren.

Die zerdrückten Süßkartoffeln mit einem Spatel gleichmäßig auf den Rand der Pfanne verteilen. Backen Sie ca. 40 Minuten, bis die Kartoffeln leicht gebräunt sind und die Füllung heiß ist. Sofort servieren.

18. Mit Auberginen und Tempeh gefüllte Nudeln

Ergibt 4 Portionen

- 8 Unzen Tempeh
- 1 mittlere Aubergine
- 12 große Nudelschalen
- 1 Knoblauchzehe, püriert
- ¼ Teelöffel gemahlener Cayennepfeffer
- Salz und frisch gemahlener schwarzer Pfeffer
- Trockene ungewürzte Semmelbrösel

- 3 Tassen Marinara-Sauce, hausgemacht (siehe Marinara-Sauce) oder im Laden gekauft

In einem mittelgroßen Topf mit siedendem Wasser das Tempeh 30 Minuten kochen. Abgießen und zum Abkühlen beiseite stellen.

Heizen Sie den Ofen auf 450 ° F vor. Die Aubergine mit einer Gabel einstechen und auf einem leicht geölten Backblech ca. 45 Minuten weich backen.

Während die Auberginen backen, kochen Sie die Nudelschalen in einem Topf mit kochendem Salzwasser und rühren Sie sie gelegentlich etwa 7 Minuten lang al dente um. Abgießen und unter kaltem Wasser laufen lassen. Beiseite legen.

Nehmen Sie die Aubergine aus dem Ofen, halbieren Sie sie in Längsrichtung und lassen Sie die Flüssigkeit ab. Reduzieren Sie die Ofentemperatur auf 350 ° F. Eine 9 x 13 Zoll große Backform leicht einölen. Verarbeiten Sie den Knoblauch in einer Küchenmaschine, bis er fein gemahlen ist. Fügen Sie das Tempeh und den Puls hinzu, bis es grob gemahlen ist. Kratzen Sie das Auberginenfleisch von der Schale und geben Sie es mit Tempeh und Knoblauch in die Küchenmaschine. Fügen Sie den Cayennepfeffer hinzu, würzen Sie ihn mit Salz und Pfeffer nach Geschmack und pulsieren Sie ihn. Wenn die Füllung locker ist, fügen Sie einige Semmelbrösel hinzu.

Verteilen Sie eine Schicht der Tomatensauce auf dem Boden der vorbereiteten Auflaufform. Füllen Sie die Füllung in die Schalen, bis sie gut verpackt ist.

Die Muscheln auf die Sauce legen und die restliche Sauce über und um die Muscheln gießen. Mit Folie abdecken und ca. 30 Minuten heiß backen. Aufdecken, mit Parmesan bestreuen und 10 Minuten länger backen. Sofort servieren.

19. Singapur Nudeln mit Tempeh

Ergibt 4 Portionen

- 8 Unzen Tempeh, in 1/2-Zoll-Würfel geschnitten
- 8 Unzen Reisnudeln
- 1 Esslöffel geröstetes Sesamöl
- 2 Esslöffel Raps- oder Traubenkernöl
- 4 Esslöffel Sojasauce
- 1/3 Tasse cremige Erdnussbutter
- 1/2 Tasse ungesüßte Kokosmilch
- 1/2 Tasse Wasser
- 1 Esslöffel frischer Zitronensaft
- 1 Teelöffel hellbrauner Zucker
- 1/2 Teelöffel gemahlener Cayennepfeffer
- 1 mittelrote Paprika, gehackt

- 3 Tassen Kohlschnitzel
- 3 Knoblauchzehen
- 1 Tasse gehackte Frühlingszwiebeln
- 2 Teelöffel geriebener frischer Ingwer
- 1 Tasse gefrorene Erbsen, aufgetaut
- Salz
- ¼ Tasse gehackte ungesalzene geröstete Erdnüsse zum Garnieren
- 2 Esslöffel gehackter frischer Koriander zum Garnieren

In einem mittelgroßen Topf mit siedendem Wasser das Tempeh 30 Minuten kochen. Abtropfen lassen und trocken tupfen. Die Reisnudeln in einer großen Schüssel mit heißem Wasser ca. 5 Minuten einweichen, bis sie weich sind. Gut abtropfen lassen, abspülen und in eine große Schüssel geben. Mit dem Sesamöl vermengen und beiseite stellen.

In einer großen Pfanne 1 Esslöffel Rapsöl bei mittlerer bis hoher Hitze erhitzen. Fügen Sie gekochtes Tempeh hinzu und kochen Sie, bis es von allen Seiten gebräunt ist. Fügen Sie 1 Esslöffel Sojasauce hinzu, um Farbe und Geschmack hinzuzufügen. Nehmen Sie das Tempeh aus der Pfanne und legen Sie es beiseite.

Kombinieren Sie in einem Mixer oder einer Küchenmaschine die Erdnussbutter, Kokosmilch, Wasser, Zitronensaft, Zucker, Cayennepfeffer und die restlichen 3 Esslöffel Sojasauce. Alles glatt rühren und beiseite stellen.

In einer großen Pfanne den restlichen 1 Esslöffel Rapsöl bei mittlerer bis hoher Hitze erhitzen. Fügen Sie die

Paprika, den Kohl, den Knoblauch, die Frühlingszwiebeln und den Ingwer hinzu und kochen Sie sie unter gelegentlichem Rühren etwa 10 Minuten lang, bis sie weich sind. Hitze reduzieren auf niedrig; Die Erbsen, das gebräunte Tempeh und die erweichten Nudeln unterrühren. Die Sauce einrühren, nach Belieben salzen und heiß köcheln lassen.

In eine große Schüssel geben, mit gehackten Erdnüssen und Koriander garnieren und servieren.

20. Tempeh Bacon

Ergibt 4 Portionen

6 Unzen Tempeh
2 Esslöffel Raps- oder Traubenkernöl
2 Esslöffel Sojasauce
1/2 Teelöffel Flüssigrauch

In einem mittelgroßen Topf mit siedendem Wasser das
Tempeh 30 Minuten kochen. Zum Abkühlen beiseite
stellen, dann trocken tupfen und in 1/8-Zoll-Streifen
schneiden.

In einer großen Pfanne das Öl bei mittlerer Hitze erhitzen. Fügen Sie die Tempeh-Scheiben hinzu und braten Sie sie auf beiden Seiten, bis sie braun sind, ungefähr 3 Minuten pro Seite. Mit Sojasauce und flüssigem Rauch beträufeln und dabei darauf achten, dass keine Spritzer entstehen. Drehen Sie das Tempeh, um zu beschichten. Heiß servieren.

21. Spaghetti und T-Bälle

Ergibt 4 Portionen

- 1 Pfund Tempeh
- 2 oder 3 Knoblauchzehen, fein gehackt
- 3 Esslöffel fein gehackte frische Petersilie
- 3 Esslöffel Sojasauce
- 1 Esslöffel Olivenöl und mehr zum Kochen
- ¾ Tasse frische Semmelbrösel
- ⅓ Tasse Weizenglutenmehl (lebenswichtiges Weizengluten)
- 3 Esslöffel Hefe
- ½ Teelöffel getrockneter Oregano
- ½ Teelöffel Salz

- ¼ Teelöffel frisch gemahlener schwarzer Pfeffer
- 1 Pfund Spaghetti
- 3 Tassen Marinara-Sauce, hausgemacht (siehe links) oder im Laden gekauft

In einem mittelgroßen Topf mit siedendem Wasser das Tempeh 30 Minuten kochen. Gut abtropfen lassen und in Stücke schneiden.

Legen Sie das gekochte Tempeh in eine Küchenmaschine, fügen Sie den Knoblauch und die Petersilie hinzu und pulsieren Sie, bis es grob gemahlen ist. Fügen Sie die Sojasauce, das Olivenöl, die Semmelbrösel, das Glutenmehl, die Hefe, den Oregano, das Salz und den schwarzen Pfeffer hinzu. Kratzen Sie die Tempeh-Mischung in eine Schüssel und kneten Sie die Mischung mit den Händen 1 bis 2 Minuten lang, bis sie gut vermischt ist. Verwenden Sie Ihre Hände, um die Mischung in kleine Kugeln zu rollen, die nicht größer als 30 cm sind. Wiederholen Sie mit der restlichen Tempeh-Mischung.

In einer leicht geölten großen Pfanne eine dünne Ölschicht bei mittlerer Hitze erhitzen. Fügen Sie die T-Kugeln bei Bedarf in Chargen hinzu und kochen Sie sie, bis sie braun sind. Bewegen Sie sie 15 bis 20 Minuten lang in die Pfanne, um eine gleichmäßige Bräunung zu erzielen. Alternativ können Sie die T-Kugeln auf einem geölten Backblech anordnen und 25 bis 30 Minuten bei 350 ° F backen, wobei Sie sich etwa zur Hälfte einmal drehen.

In einem großen Topf mit kochendem Salzwasser die Spaghetti bei mittlerer Hitze kochen und gelegentlich etwa 10 Minuten lang al dente rühren.

Während die Spaghetti kochen, erhitzen Sie die Marinara-Sauce in einem mittelgroßen Topf bei mittlerer Hitze bis sie heiß ist.

Wenn die Nudeln gekocht sind, gut abtropfen lassen und auf 4 Teller oder flache Nudelschalen verteilen. Belegen Sie jede Portion mit ein paar T-Bällen. Die Sauce über die T-Balls und Spaghetti geben und heiß servieren. Die restlichen T-Bällchen und die Sauce in einer Schüssel vermischen und servieren.

22. Paglia E Fieno mit Erbsen

Ergibt 4 Portionen

- ⅓ Tasse plus 1 Esslöffel Olivenöl
- 2 mittelgroße Schalotten, fein gehackt
- ¼ Tasse gehackter Tempeh-Speck, hausgemacht (sieheTempeh Bacon) oder im Laden gekauft (optional)
- Salz und frisch gemahlener schwarzer Pfeffer
- 8 Unzen normale oder Vollkorn-Linguine
- 8 Unzen Spinat Linguine
- Veganer Parmesan oder Parmasio

In einer großen Pfanne 1 Esslöffel Öl bei mittlerer Hitze erhitzen. Fügen Sie die Schalotten hinzu und kochen Sie bis zart, ungefähr 5 Minuten. Fügen Sie den Tempeh-Speck hinzu, wenn Sie ihn verwenden, und kochen Sie ihn, bis er schön gebräunt ist. Die Pilze einrühren und ca. 5 Minuten kochen, bis sie weich sind. Mit Salz und Pfeffer abschmecken. Rühren Sie die Erbsen und das restliche 1/3 Tasse Öl ein. Abdecken und bei sehr schwacher Hitze warm halten.

In einem großen Topf mit kochendem Salzwasser die Linguine bei mittlerer bis hoher Hitze kochen und gelegentlich etwa 10 Minuten lang al dente rühren. Gut abtropfen lassen und in eine große Schüssel geben.

Die Sauce hinzufügen, mit Salz und Pfeffer abschmecken und mit Parmesan bestreuen. Vorsichtig mischen und sofort servieren.

SEITAN

23. Basic Simmered Seitan

Macht etwa 2 Pfund

Seitan

- 1¾ Tassen Weizenglutenmehl (lebenswichtiges Weizengluten)
- ½ Teelöffel Salz
- ½ Teelöffel Zwiebelpulver
- ¼ Teelöffel süßer Paprika
- 1 Esslöffel Olivenöl
- 2 Esslöffel Sojasauce
- 12/3 Tassen kaltes Wasser

56

Siedende Flüssigkeit:

- 2 Liter Wasser
- $^1/2$ Tasse Sojasauce
- 2 Knoblauchzehen, zerkleinert

Seitan zubereiten: In einer Küchenmaschine Weizenglutenmehl, Nährhefe, Salz, Zwiebelpulver und Paprika mischen. Impuls zum Mischen. Fügen Sie das Öl, die Sojasauce und das Wasser hinzu und verarbeiten Sie es eine Minute lang, um einen Teig zu bilden. Die Mischung auf eine leicht bemehlte Arbeitsfläche geben und ca. 2 Minuten glatt und elastisch kneten.

Die kochende Flüssigkeit zubereiten: In einem großen Topf Wasser, Sojasauce und Knoblauch vermischen.

Den Seitan-Teig in 4 gleiche Stücke teilen und in die kochende Flüssigkeit geben. Bei mittlerer bis hoher Hitze zum Kochen bringen, dann die Hitze auf mittlere bis niedrige Hitze reduzieren, abdecken und 1 Stunde lang leicht köcheln lassen, dabei gelegentlich wenden. Schalten Sie die Heizung aus und lassen Sie den Seitan in der Flüssigkeit abkühlen. Nach dem Abkühlen kann der Seitan in Rezepten verwendet oder in der Flüssigkeit in einem dicht verschlossenen Behälter bis zu einer Woche gekühlt oder bis zu 3 Monate eingefroren werden.

24. Gefüllter gebackener Seitan-Braten

Ergibt 6 Portionen

- 1 Rezept Basic Simmered Seitanungekocht
- 1 Esslöffel Olivenöl
- 1 kleine gelbe Zwiebel, gehackt
- 1 Sellerierippe, gehackt
- $1/2$ Teelöffel getrockneter Thymian
- $1/2$ Teelöffel getrockneter Salbei
- $1/2$ Tasse Wasser oder mehr, falls erforderlich
- Salz und frisch gemahlener schwarzer Pfeffer
- 2 Tassen frische Brotwürfel
- $1/4$ Tasse gehackte frische Petersilie

Legen Sie den rohen Seitan auf eine leicht bemehlte Arbeitsfläche und strecken Sie ihn mit leicht bemehlten Händen aus, bis er flach und etwa 1⁄2 Zoll dick ist. Legen Sie den abgeflachten Seitan zwischen zwei Blätter Plastikfolie oder Pergamentpapier. Verwenden Sie einen Nudelholz, um ihn so weit wie möglich zu glätten (er ist elastisch und widerstandsfähig). Top mit einem Backblech mit einer Gallone Wasser oder Konserven beschwert und lassen Sie es ruhen, während Sie die Füllung machen.

In einer großen Pfanne das Öl bei mittlerer Hitze erhitzen. Fügen Sie die Zwiebel und den Sellerie hinzu. Abdecken und 10 Minuten weich kochen. Thymian, Salbei, Wasser sowie Salz und Pfeffer nach Geschmack einrühren. Vom Herd nehmen und beiseite stellen. Legen Sie das Brot und die Petersilie in eine große Rührschüssel. Fügen Sie die Zwiebelmischung hinzu und mischen Sie gut, fügen Sie etwas mehr Wasser hinzu, wenn die Füllung zu trocken ist. Probieren Sie die Gewürze und passen Sie sie gegebenenfalls an. wenn erforderlich. Beiseite legen.

Heizen Sie den Ofen auf 350 ° F vor. Eine 9 x 13 Zoll große Backform leicht einölen und beiseite stellen. Rollen Sie den abgeflachten Seitan mit einem Nudelholz aus, bis er etwa 1/4 Zoll dick ist. Verteilen Sie die Füllung auf der Oberfläche des Seitans und rollen Sie sie vorsichtig und gleichmäßig auf. Legen Sie die Bratnaht mit der Seite nach unten in die vorbereitete Backform. Reiben Sie ein wenig Öl auf die Oberseite und die Seiten des Bratens und backen Sie ihn abgedeckt 45 Minuten lang. Decken Sie ihn dann ab und backen Sie ihn, bis er fest und glänzend braun ist, etwa 15 Minuten länger.

Aus dem Ofen nehmen und vor dem Schneiden 10 Minuten beiseite stellen. Verwenden Sie ein gezacktes Messer, um es in 1/2-Zoll-Scheiben zu schneiden. Hinweis: Um das Schneiden am einfachsten zu machen, machen Sie den Braten vor und schneiden Sie ihn vollständig ab, bevor Sie ihn in Scheiben schneiden. Den Braten ganz oder teilweise in Scheiben schneiden und dann vor dem Servieren 15 bis 20 Minuten lang im dicht bedeckten Ofen erhitzen.

25. Seitan Schmorbraten

Ergibt 4 Portionen

- 1 Rezept Basic Simmered Seitan
- 2 Esslöffel Olivenöl
- 3 bis 4 mittelgroße Schalotten, längs halbiert
- 1 Pfund Yukon Gold Kartoffeln, geschält und in 2-Zoll-Stücke geschnitten
- $\frac{1}{2}$ Teelöffel getrockneter Bohnenkraut
- $\frac{1}{4}$ Teelöffel gemahlener Salbei
- Salz und frisch gemahlener schwarzer Pfeffer
- Meerrettich, um zu dienen

Befolgen Sie die Anweisungen zur Herstellung von Basic Simmered Seitan, aber teilen Sie den Seitan-Teig vor dem Kochen in 2 statt in 4 Stücke. Nachdem der Seitan 30 Minuten in seiner Brühe abgekühlt ist, nehmen Sie ihn aus dem Topf und legen Sie ihn beiseite. Bewahren Sie die Kochflüssigkeit auf und verwerfen Sie alle Feststoffe. Reservieren Sie 1 Stück Seitan (ca. 1 Pfund) für die zukünftige Verwendung, indem Sie es in eine Schüssel geben und mit etwas reservierter Kochflüssigkeit bedecken. Abdecken und bis zum Gebrauch kühlen. Wenn Sie den Seitan nicht innerhalb von 3 Tagen verwenden, kühlen Sie ihn vollständig ab, wickeln Sie ihn fest ein und frieren Sie ihn ein.

In einem großen Topf 1 Esslöffel Öl bei mittlerer Hitze erhitzen. Fügen Sie die Schalotten und Karotten hinzu. Abdecken und 5 Minuten kochen lassen. Fügen Sie die Kartoffeln, Thymian, Bohnenkraut, Salbei und Salz und Pfeffer hinzu, um zu schmecken. 1 1/2 Tassen reservierte Kochflüssigkeit hinzufügen und zum Kochen bringen. Hitze reduzieren und abgedeckt 20 Minuten kochen lassen.

Reiben Sie den reservierten Seitan mit dem restlichen 1 Esslöffel Öl und dem Paprika ein. Legen Sie den Seitan auf das kochende Gemüse. Abdecken und weiter kochen, bis das Gemüse weich ist, weitere ca. 20 Minuten. Den Seitan in dünne Scheiben schneiden und auf einer großen Servierplatte mit gekochtem Gemüse anrichten. Sofort mit Meerrettich an der Seite servieren.

26. Fast ein Gericht Thanksgiving-Abendessen

Ergibt 6 Portionen

- 2 Esslöffel Olivenöl
- 1 Tasse fein gehackte Zwiebel
- 2 Sellerierippen, fein gehackt
- 2 Tassen geschnittene weiße Pilze
- ½ Teelöffel getrockneter Thymian
- ½ Teelöffel getrockneter Bohnenkraut
- ½ Teelöffel gemahlener Salbei
- Prise gemahlene Muskatnuss
- Salz und frisch gemahlener schwarzer Pfeffer
- 2 Tassen frische Brotwürfel

- 21/2 Tassen Gemüsebrühe, hausgemacht (sieheLeichte Gemüsebrühe) oder im Laden gekauft
- ⅓ Tasse gesüßte getrocknete Preiselbeeren
- 8 Unzen extra fester Tofu, abgetropft und in 1/4-Zoll-Scheiben geschnitten
- 8 Unzen Seitan, hausgemacht oder im Laden gekauft, sehr dünn geschnitten
- 21/2 TassenEinfache Kartoffelpüree
- 1 Blatt gefrorener Blätterteig, aufgetaut

Heizen Sie den Ofen auf 400 ° F vor. Eine quadratische 10-Zoll-Auflaufform leicht einölen. In einer großen Pfanne das Öl bei mittlerer Hitze erhitzen. Fügen Sie die Zwiebel und den Sellerie hinzu. Abdecken und ca. 5 Minuten kochen, bis sie weich sind. Pilze, Thymian, Bohnenkraut, Salbei, Muskatnuss sowie Salz und Pfeffer nach Belieben einrühren. Unbedeckt kochen, bis die Pilze weich sind, ca. 3 Minuten länger. Beiseite legen.

Kombinieren Sie in einer großen Schüssel die Brotwürfel mit so viel Brühe, wie zum Befeuchten benötigt wird

11/2 Tassen). Fügen Sie die gekochte Gemüsemischung, Walnüsse und Preiselbeeren hinzu. Umrühren, um gut zu mischen und beiseite stellen.

In der gleichen Pfanne die verbleibende 1-Tasse-Brühe zum Kochen bringen, die Hitze auf mittel reduzieren, den Tofu hinzufügen und unbedeckt etwa 10 Minuten köcheln lassen, bis die Brühe absorbiert ist. Beiseite legen.

Die Hälfte der vorbereiteten Füllung auf dem Boden der vorbereiteten Auflaufform verteilen, gefolgt von der Hälfte des Seitans, der Hälfte des Tofus und der Hälfte der braunen Sauce. Wiederholen Sie die Schichtung mit der restlichen Füllung, Seitan, Tofu und Sauce.

27. Seitan Milanese mit Panko und Zitrone

Ergibt 4 Portionen

- 2 Tassen Panko
- ¼ Tasse gehackte frische Petersilie
- ½ Teelöffel Salz
- ¼ Teelöffel frisch gemahlener schwarzer Pfeffer
- 1 Pfund Seitan, hausgemacht oder im Laden gekauft, 1/4-Zoll-Scheiben schneiden
- 2 Esslöffel Olivenöl
- 1 Zitrone, in Keile geschnitten

Heizen Sie den Ofen auf 250 ° F vor. In einer großen Schüssel Panko, Petersilie, Salz und Pfeffer vermengen. Befeuchten Sie den Seitan mit etwas Wasser und tauchen Sie ihn in die Panko-Mischung.

In einer großen Pfanne das Öl bei mittlerer bis hoher Hitze erhitzen. Fügen Sie den Seitan hinzu und kochen Sie ihn, indem Sie ihn einmal wenden, bis er goldbraun ist. Übertragen Sie den gekochten Seitan auf ein Backblech und halten Sie ihn im Ofen warm, während Sie den Rest kochen. Sofort mit Zitronenschnitzen servieren.

28. Seitan mit Sesamkruste

Ergibt 4 Portionen

- ⅓ Tasse Sesam
- ⅓ Tasse Allzweckmehl
- ½ Teelöffel Salz
- ¼ Teelöffel frisch gemahlener schwarzer Pfeffer
- ½ Tasse ungesüßte Sojamilch
- 1 Pfund Seitan, hausgemachter oder im Laden gekaufter Seitan, in 1/4-Zoll-Scheiben geschnitten
- 2 Esslöffel Olivenöl

Legen Sie die Sesamkörner in eine trockene Pfanne bei mittlerer Hitze und rösten Sie sie 3 bis 4 Minuten lang unter ständigem Rühren hellgolden. Zum Abkühlen beiseite stellen und in einer Küchenmaschine oder Gewürzmühle mahlen.

Die gemahlenen Sesamkörner in eine flache Schüssel
geben, Mehl, Salz und Pfeffer hinzufügen und gut
mischen. Legen Sie die Sojamilch in eine flache Schüssel.
Tauchen Sie den Seitan in die Sojamilch und tauchen Sie
ihn dann in die Sesammischung.

In einer großen Pfanne das Öl bei mittlerer Hitze
erhitzen. Fügen Sie den Seitan bei Bedarf in Chargen
hinzu und kochen Sie ihn ca. 10 Minuten lang, bis er auf
beiden Seiten knusprig und goldbraun ist. Sofort
servieren.

29. Seitan mit Artischocken und Oliven

Ergibt 4 Portionen

- 2 Esslöffel Olivenöl
- 1 Pfund Seitan, hausgemacht oder im Laden gekauft, in 1/4-Zoll-Scheiben geschnitten
- 2 gehackte Knoblauchzehen
- 1 (14,5 Unzen) Dose Tomatenwürfel, abgetropft
- 1 1/2 Tassen Dosen- oder gefrorene (gekochte) Artischockenherzen, in 1/4-Zoll-Scheiben geschnitten
- 1 Esslöffel Kapern
- 2 Esslöffel gehackte frische Petersilie
- Salz und frisch gemahlener schwarzer Pfeffer
- 1 Tasse Tofu Feta (Optional)

Ofen auf 250 ° F vorheizen. In einer großen Pfanne 1 Esslöffel Öl bei mittlerer bis hoher Hitze erhitzen. Fügen Sie den Seitan hinzu und bräunen Sie ihn auf beiden Seiten ca. 5 Minuten lang an. Übertragen Sie den Seitan auf eine hitzebeständige Platte und halten Sie ihn im Ofen warm.

In derselben Pfanne den restlichen 1 Esslöffel Öl bei mittlerer Hitze erhitzen. Fügen Sie den Knoblauch hinzu und kochen Sie ihn ca. 30 Sekunden lang, bis er duftet. Fügen Sie die Tomaten, Artischockenherzen, Oliven, Kapern und Petersilie hinzu. Mit Salz und Pfeffer abschmecken und ca. 5 Minuten heiß kochen. Beiseite legen.

Legen Sie den Seitan auf eine Servierplatte, geben Sie die Gemüsemischung darauf und bestreuen Sie ihn gegebenenfalls mit Tofu-Feta. Sofort servieren.

30. Seitan Mit Ancho-Chipotle-Sauce

Ergibt 4 Portionen

- 2 Esslöffel Olivenöl
- 1 mittelgroße Zwiebel, gehackt
- 2 mittelgroße Karotten, gehackt
- 2 gehackte Knoblauchzehen
- 1 (28 Unzen) kann feuergebratene Tomaten zerkleinern
- ½ Tasse Gemüsebrühe, hausgemacht (sieheLeichte Gemüsebrühe) oder im Laden gekauft
- 2 getrocknete Ancho Chiles
- 1 getrockneter Chipotle Chili

- $^1/2$ Tasse gelbes Maismehl
- $^1/2$ Teelöffel Salz
- $^1/4$ Teelöffel frisch gemahlener schwarzer Pfeffer
- 1 Pfund Seitan, hausgemacht oder im Laden gekauft, in 1/4-Zoll-Scheiben geschnitten

In einem großen Topf 1 Esslöffel Öl bei mittlerer Hitze erhitzen. Zwiebel und Karotten dazugeben, abdecken und 7 Minuten kochen lassen. Fügen Sie den Knoblauch hinzu und kochen Sie 1 Minute. Tomaten, Brühe und Ancho-Chipotle-Chilis unterrühren. Unbedeckt 45 Minuten köcheln lassen, dann die Sauce in einen Mixer geben und glatt rühren. Kehren Sie zum Topf zurück und halten Sie ihn bei sehr schwacher Hitze warm.

In einer flachen Schüssel das Maismehl mit Salz und Pfeffer vermischen. Den Seitan gleichmäßig in die Maismehlmischung eintauchen.

In einer großen Pfanne die 2 restlichen Esslöffel Öl bei mittlerer Hitze erhitzen. Fügen Sie den Seitan hinzu und kochen Sie ihn, bis er auf beiden Seiten braun ist, insgesamt ca. 8 Minuten. Sofort mit der Chilisauce servieren.

31. Seitan Piccata

Ergibt 4 Portionen

- 1 Pfund Seitan, hausgemacht oder im Laden gekauft, in 1/4-Zoll-Scheiben geschnitten Salz und frisch gemahlener schwarzer Pfeffer
- ½ Tasse Allzweckmehl
- 2 Esslöffel Olivenöl
- 1 mittelgroße Schalotte, gehackt
- 2 gehackte Knoblauchzehen
- 2 Esslöffel Kapern
- ⅓ Tasse Weißwein
- ⅓ Tasse Gemüsebrühe, hausgemacht (sieheLeichte Gemüsebrühe) oder im Laden gekauft
- 2 Esslöffel frischer Zitronensaft
- 2 Esslöffel vegane Margarine
- 2 Esslöffel gehackte frische Petersilie

Heizen Sie den Ofen auf 275 ° F vor. Den Seitan mit Salz und Pfeffer abschmecken und in das Mehl eintauchen.

In einer großen Pfanne 2 Esslöffel Öl bei mittlerer Hitze erhitzen. Fügen Sie den ausgebaggerten Seitan hinzu und kochen Sie ihn ca. 10 Minuten lang, bis er auf beiden Seiten leicht gebräunt ist. Übertragen Sie den Seitan auf eine hitzebeständige Platte und halten Sie ihn im Ofen warm.

In der gleichen Pfanne den restlichen 1 Esslöffel Öl bei mittlerer Hitze erhitzen. Fügen Sie die Schalotte und den Knoblauch hinzu, kochen Sie sie 2 Minuten lang und rühren Sie dann die Kapern, den Wein und die Brühe ein. Ein oder zwei Minuten köcheln lassen, um etwas zu reduzieren, dann Zitronensaft, Margarine und Petersilie hinzufügen und umrühren, bis die Margarine in die Sauce eingemischt ist. Gießen Sie die Sauce über den gebräunten Seitan und servieren Sie ihn sofort.

32. Drei-Samen-Seitan

Ergibt 4 Portionen

- ¹/4 Tasse ungesalzene geschälte Sonnenblumenkerne
- ¹/4 Tasse ungesalzene geschälte Kürbiskerne (Pepitas)
- ¹/4 Tasse Sesam
- ³/4 Tasse Allzweckmehl
- 1 Teelöffel gemahlener Koriander
- 1 Teelöffel geräucherter Paprika
- ¹/2 Teelöffel Salz
- ¹/4 Teelöffel frisch gemahlener schwarzer Pfeffer
- 1 Pfund Seitan, hausgemacht oder im Laden gekauft, in mundgerechte Stücke geschnitten
- 2 Esslöffel Olivenöl

Kombinieren Sie in einer Küchenmaschine die
Sonnenblumenkerne, Kürbiskerne und Sesamkörner und
mahlen Sie sie zu einem Pulver. In eine flache Schüssel
geben, Mehl, Koriander, Paprika, Salz und Pfeffer
hinzufügen und umrühren.

Befeuchten Sie die Seitanstücke mit Wasser und tauchen
Sie sie dann in die Samenmischung, um sie vollständig zu
beschichten.

In einer großen Pfanne das Öl bei mittlerer Hitze
erhitzen. Fügen Sie den Seitan hinzu und kochen Sie ihn,
bis er auf beiden Seiten leicht gebräunt und knusprig ist.
Sofort servieren.

33. Fajitas ohne Grenzen

Ergibt 4 Portionen

- 1 Esslöffel Olivenöl
- 1 kleine rote Zwiebel, gehackt
- 10 Unzen Seitan, hausgemacht oder im Laden gekauft, in 1/2-Zoll-Streifen geschnitten
- ¼ Tasse heiße oder milde gehackte grüne Chilischoten in Dosen
- Salz und frisch gemahlener schwarzer Pfeffer
- (10 Zoll) Tortillas aus weichem Mehl
- 2 Tassen Tomatensalsa, hausgemacht (siehe Frisches Tomatensalsa) oder im Laden gekauft

In einer großen Pfanne das Öl bei mittlerer Hitze erhitzen. Fügen Sie die Zwiebel hinzu, decken Sie sie ab und kochen Sie sie ca. 7 Minuten lang, bis sie weich ist. Fügen Sie den Seitan hinzu und kochen Sie ihn unbedeckt 5 Minuten lang.

Fügen Sie die Süßkartoffeln, Chilischoten, Oregano und Salz und Pfeffer nach Geschmack hinzu und rühren Sie um, um gut zu mischen. Weiter kochen, bis die Mischung heiß ist und die Aromen gut vermischt sind, gelegentlich umrühren, ca. 7 Minuten.

Die Tortillas in einer trockenen Pfanne erwärmen. Legen Sie jede Tortilla in eine flache Schüssel. Die Seitan-Süßkartoffel-Mischung in die Tortillas geben und jeweils etwa 1/3 Tasse Salsa darüber geben. Streuen Sie jede Schüssel mit 1 Esslöffel Oliven, falls verwendet. Sofort servieren, mit der restlichen Salsa, die auf der Seite serviert wird.

34. Seitan mit grünem Apfelrelish

Ergibt 4 Portionen

- 2 Granny-Smith-Äpfel, grob gehackt
- ½ Tasse fein gehackte rote Zwiebel
- ½ Jalapeño Chili, entkernt und gehackt
- 1½ Teelöffel geriebener frischer Ingwer
- 2 Esslöffel frischer Limettensaft
- 2 Teelöffel Agavennektar
- Salz und frisch gemahlener schwarzer Pfeffer
- 2 Esslöffel Olivenöl
- 1 Pfund Seitan, hausgemacht oder im Laden gekauft, in ½-Zoll-Scheiben geschnitten

Kombinieren Sie in einer mittelgroßen Schüssel die Äpfel, Zwiebeln, Chili, Ingwer, Limettensaft, Agavennektar sowie Salz und Pfeffer nach Geschmack. Beiseite legen.

Das Öl in einer Pfanne bei mittlerer Hitze erhitzen.
Fügen Sie den Seitan hinzu und kochen Sie ihn, bis er auf
beiden Seiten braun ist. Drehen Sie ihn einmal, ungefähr
4 Minuten pro Seite. Mit Salz und Pfeffer abschmecken.
Fügen Sie den Apfelsaft hinzu und kochen Sie ihn eine
Minute lang, bis er reduziert ist. Sofort mit dem Apfel-
Relish servieren.

35. Seitan und Broccoli-Shiitake Stir-Fry

Ergibt 4 Portionen

- 2 Esslöffel Raps oder Traubenkernöl
- 10 Unzen Seitan, hausgemacht oder im Laden gekauft, in 1/4-Zoll-Scheiben geschnitten
- 3 gehackte Knoblauchzehen
- 2 Teelöffel geriebener frischer Ingwer
- Frühlingszwiebeln, gehackt
- 1 mittelgroßer Bund Brokkoli, in 1-Zoll-Röschen geschnitten
- 3 Esslöffel Sojasauce
- 2 Esslöffel trockener Sherry
- 1 Teelöffel geröstetes Sesamöl
- 1 Esslöffel geröstete Sesamkörner

In einer großen Pfanne 1 Esslöffel Öl bei mittlerer bis hoher Hitze erhitzen. Fügen Sie den Seitan hinzu und kochen Sie ihn unter gelegentlichem Rühren etwa 3 Minuten lang, bis er leicht gebräunt ist. Den Seitan in eine Schüssel geben und beiseite stellen.

In der gleichen Pfanne den restlichen 1 Esslöffel Öl bei mittlerer bis hoher Hitze erhitzen. Fügen Sie die Pilze hinzu und kochen Sie sie unter häufigem Rühren etwa 3 Minuten lang, bis sie braun sind. Knoblauch, Ingwer und Frühlingszwiebeln einrühren und 30 Sekunden länger kochen lassen. Die Pilzmischung zum gekochten Seitan geben und beiseite stellen.

Brokkoli und Wasser in dieselbe Pfanne geben. Abdecken und ca. 3 Minuten kochen, bis der Brokkoli hellgrün wird. Decken Sie es ab und kochen Sie es unter häufigem Rühren, bis die Flüssigkeit verdunstet ist und der Brokkoli knusprig zart ist, etwa 3 Minuten länger.

Geben Sie die Seitan-Pilz-Mischung in die Pfanne zurück. Fügen Sie die Sojasauce und den Sherry hinzu und braten Sie sie etwa 3 Minuten lang an, bis der Seitan und das Gemüse heiß sind. Mit Sesamöl und Sesam bestreuen und sofort servieren.

36. Seitan Brochettes mit Pfirsichen

Ergibt 4 Portionen

- ⅓ Tasse Balsamico-Essig
- 2 Esslöffel trockener Rotwein
- 2 Esslöffel hellbrauner Zucker
- ¼ Tasse gehacktes frisches Basilikum
- ¼ Tasse gehackter frischer Majoran
- 2 Esslöffel gehackter Knoblauch
- 2 Esslöffel Olivenöl
- 1 Pfund Seitan, hausgemacht oder im Laden gekauft, in 1-Zoll-Stücke geschnitten
- Schalotten, längs halbiert und blanchiert
- Salz und frisch gemahlener schwarzer Pfeffer
- 2 reife Pfirsiche, entkernt und in 1-Zoll-Stücke geschnitten

C.Essig, Wein und Zucker in einem kleinen Topf vermischen und zum Kochen bringen. Reduzieren Sie die Hitze auf mittel und köcheln Sie unter Rühren etwa 15 Minuten lang, bis sie halbiert ist. Vom Herd nehmen.

Basilikum, Majoran, Knoblauch und Olivenöl in einer großen Schüssel vermengen. Fügen Sie den Seitan, die Schalotten und die Pfirsiche hinzu und werfen Sie, um zu beschichten. Mit Salz und Pfeffer abschmecken

Den Grill vorheizen. * Seitan, Schalotten und Pfirsiche auf die Spieße fädeln und mit der Balsamico-Mischung bestreichen.

Legen Sie die Brochettes auf den Grill und kochen Sie, bis der Seitan und die Pfirsiche gegrillt sind, ungefähr 3 Minuten pro Seite. Mit der restlichen Balsamico-Mischung bestreichen und sofort servieren.

** Anstatt zu grillen, können Sie diese Brochettes unter den Broiler legen. Braten Sie 4 bis 5 Zoll von der Hitze entfernt, bis es heiß und an den Rändern leicht gebräunt ist, ungefähr 10 Minuten, und drehen Sie es einmal zur Hälfte.

37. Gegrillte Seitan und Gemüse Kabobs

Ergibt 4 Portionen

- ⅓ Tasse Balsamico-Essig
- 2 Esslöffel Olivenöl
- 1 Esslöffel gehackter frischer Oregano oder 1 Teelöffel getrocknet
- 2 gehackte Knoblauchzehen
- ½ Teelöffel Salz
- ¼ Teelöffel frisch gemahlener schwarzer Pfeffer
- 1 Pfund Seitan, hausgemacht oder im Laden gekauft, in 1-Zoll-Würfel geschnitten
- 7 Unzen kleine weiße Pilze, leicht gespült und trocken getupft
- 2 kleine Zucchini, in 1-Zoll-Stücke geschnitten
- 1 mittelgelber Paprika, in 1-Zoll-Quadrate geschnitten
- reife Kirschtomaten

Kombinieren Sie in einer mittelgroßen Schüssel Essig, Öl, Oregano, Thymian, Knoblauch, Salz und schwarzen Pfeffer. Fügen Sie den Seitan, die Pilze, die Zucchini, den Paprika und die Tomaten hinzu und wenden Sie sich, um zu beschichten. 30 Minuten bei Raumtemperatur marinieren, dabei gelegentlich wenden. Seitan und Gemüse abtropfen lassen und die Marinade aufbewahren.

Den Grill vorheizen. * Seitan, Pilze und Tomaten auf Spieße fädeln.

Legen Sie die Spieße auf den heißen Grill und kochen Sie sie. Drehen Sie die Kabobs einmal nach der Hälfte des Grillvorgangs, insgesamt etwa 10 Minuten. Mit einer kleinen Menge der reservierten Marinade beträufeln und sofort servieren.

**Anstatt zu grillen, können Sie diese Spieße unter den Grill legen. Braten Sie 4 bis 5 Zoll von der Hitze entfernt, bis es heiß und an den Rändern leicht gebräunt ist, ungefähr 10 Minuten, und drehen Sie es einmal nach der Hälfte des Bratens.

38. Seitan En Croute

Ergibt 4 Portionen

- 1 Esslöffel Olivenöl
- 2 mittelgroße Schalotten, gehackt
- Unzen weiße Pilze, gehackt
- ¼ Tasse Madeira
- 1 Esslöffel gehackte frische Petersilie
- ½ Teelöffel getrockneter Thymian
- ½ Teelöffel getrockneter Bohnenkraut
- 2 Tassen fein gehackte trockene Brotwürfel
- Salz und frisch gemahlener schwarzer Pfeffer
- 1 gefrorenes Blätterteigblatt, aufgetaut
- (1/4 Zoll dick) Seitan schneidet etwa 3 x 4 Zoll große Ovale oder Rechtecke, trocken getupft

In einer großen Pfanne das Öl bei mittlerer Hitze erhitzen. Fügen Sie die Schalotten hinzu und kochen Sie sie ca. 3 Minuten lang, bis sie weich sind. Fügen Sie die Pilze hinzu und kochen Sie sie unter gelegentlichem Rühren etwa 5 Minuten lang, bis die Pilze weich sind. Fügen Sie die Madiera, Petersilie, Thymian und Bohnenkraut hinzu und kochen Sie, bis die Flüssigkeit fast verdunstet ist. Die Brotwürfel einrühren und mit Salz und Pfeffer abschmecken. Zum Abkühlen beiseite stellen.

Legen Sie die Blätterteigplatte auf ein großes Stück Plastikfolie auf einer ebenen Arbeitsfläche. Mit einem weiteren Stück Plastikfolie bedecken und das Gebäck mit einem Nudelholz leicht ausrollen, um es zu glätten. Das Gebäck vierteln. Legen Sie 1 Scheibe Seitan in die Mitte jedes Gebäckstücks. Verteilen Sie die Füllung unter ihnen und verteilen Sie sie, um den Seitan zu bedecken. Jeweils die restlichen Seitanscheiben darüber geben. Falten Sie das Gebäck zusammen, um die Füllung einzuschließen, und kräuseln Sie die Ränder mit den Fingern, um sie zu versiegeln. Legen Sie die Teigpakete mit der Naht nach unten auf ein großes, ungefettetes Backblech und kühlen Sie sie 30 Minuten lang. Heizen Sie den Ofen auf 400 ° F vor. Backen Sie ca. 20 Minuten, bis die Kruste goldbraun ist. Sofort servieren.

39. Seitan und Kartoffeltorta

Ergibt 6 Portionen

- 2 Esslöffel Olivenöl
- 1 mittelgelbe Zwiebel, gehackt
- 4 Tassen gehackter frischer Babyspinat oder Mangold
- 8 Unzen Seitan, hausgemacht oder im Laden gekauft, fein gehackt
- 1 Teelöffel gehackter frischer Majoran
- 1/2 Teelöffel gemahlener Fenchelsamen
- 1/4 bis 1/2 Teelöffel zerkleinerter roter Pfeffer
- Salz und frisch gemahlener schwarzer Pfeffer
- 2 Pfund Yukon Gold Kartoffeln, geschält und in 1/4-Zoll-Scheiben geschnitten
- 1/2 Tasse veganer Parmesan oderParmasio

Heizen Sie den Ofen auf 400 ° F vor. Einen 3-Liter-Auflauf oder eine 9 x 13-Zoll-Backform leicht einölen und beiseite stellen.

In einer großen Pfanne 1 Esslöffel Öl bei mittlerer Hitze erhitzen. Fügen Sie die Zwiebel hinzu, decken Sie sie ab und kochen Sie sie ca. 7 Minuten lang, bis sie weich ist. Fügen Sie den Spinat hinzu und kochen Sie ihn unbedeckt ca. 3 Minuten lang, bis er welk ist. Seitan, Majoran, Fenchelsamen und zerkleinerten roten Pfeffer unterrühren und gut vermischen. Mit Salz und Pfeffer abschmecken. Beiseite legen.

Die Tomatenscheiben auf dem Boden der vorbereiteten Pfanne verteilen. Mit einer Schicht leicht überlappender Kartoffelscheiben belegen. Die Kartoffelschicht mit etwas von dem restlichen 1 Esslöffel Öl bestreichen und mit Salz und Pfeffer abschmecken. Etwa die Hälfte der Seitan-Spinat-Mischung auf die Kartoffeln verteilen. Top mit einer weiteren Schicht Kartoffeln, gefolgt von der restlichen Seitan-Spinat-Mischung. Mit einer letzten Schicht Kartoffeln bedecken, mit dem restlichen Öl und Salz und Pfeffer beträufeln. Mit dem Parmesan bestreuen. Abdecken und backen, bis die Kartoffeln weich sind, 45 Minuten bis 1 Stunde. Decken Sie es ab und backen Sie es 10 bis 15 Minuten lang weiter, um die Oberseite zu bräunen. Sofort servieren.

40. Rustikaler Cottage Pie

Ergibt 4 bis 6 Portionen

- Yukon Gold Kartoffeln, geschält und in 1-Zoll-Würfel geschnitten
- 2 Esslöffel vegane Margarine
- ¼ Tasse ungesüßte Sojamilch
- Salz und frisch gemahlener schwarzer Pfeffer
- 1 Esslöffel Olivenöl

- 1 mittelgelbe Zwiebel, fein gehackt
- 1 mittelgroße Karotte, fein gehackt
- 1 Sellerierippe, fein gehackt
- Unzen Seitan, hausgemacht oder im Laden gekauft, fein gehackt
- 1 Tasse gefrorene Erbsen
- 1 Tasse gefrorene Maiskörner
- 1 Teelöffel getrockneter Bohnenkraut
- $\frac{1}{2}$ Teelöffel getrockneter Thymian

In einem Topf mit kochendem Salzwasser die Kartoffeln 15 bis 20 Minuten zart kochen. Gut abtropfen lassen und in den Topf zurückkehren. Fügen Sie die Margarine, Sojamilch und Salz und Pfeffer hinzu, um zu schmecken. Mit einem Kartoffelstampfer grob zerdrücken und beiseite stellen. Heizen Sie den Ofen auf 350 ° F vor.

In einer großen Pfanne das Öl bei mittlerer Hitze erhitzen. Fügen Sie die Zwiebel, die Karotte und den Sellerie hinzu. Abdecken und ca. 10 Minuten kochen lassen, bis sie weich sind. Übertragen Sie das Gemüse in eine 9 x 13-Zoll-Backform. Seitan, Pilzsauce, Erbsen, Mais, Bohnenkraut und Thymian unterrühren. Mit Salz und Pfeffer abschmecken und die Mischung gleichmäßig in der Backform verteilen.

Mit den Kartoffelpürees belegen und bis zum Rand der Backform verteilen. Backen Sie ca. 45 Minuten, bis die Kartoffeln gebräunt sind und die Füllung sprudelt. Sofort servieren.

41. Seitan mit Spinat und Tomaten

Ergibt 4 Portionen

- 2 Esslöffel Olivenöl
- 1 Pfund Seitan, hausgemacht oder im Laden gekauft, in 1/4-Zoll-Streifen geschnitten
- Salz und frisch gemahlener schwarzer Pfeffer
- 3 gehackte Knoblauchzehen
- 4 Tassen frischer Babyspinat
- Ölverpackte sonnengetrocknete Tomaten, in 1/4-Zoll-Streifen geschnitten
- 1/2 Tasse entkernte Kalamata-Oliven, halbiert
- 1 Esslöffel Kapern
- 1/4 Teelöffel zerkleinerter roter Pfeffer

In einer großen Pfanne das Öl bei mittlerer Hitze erhitzen. Fügen Sie den Seitan hinzu, würzen Sie ihn mit Salz und schwarzem Pfeffer und kochen Sie ihn ca. 5 Minuten pro Seite, bis er braun ist.

Fügen Sie den Knoblauch hinzu und kochen Sie ihn 1 Minute lang, um ihn zu erweichen. Fügen Sie den Spinat hinzu und kochen Sie ihn ca. 3 Minuten lang, bis er welk ist. Tomaten, Oliven, Kapern und zerkleinerten roten Pfeffer einrühren. Mit Salz und schwarzem Pfeffer abschmecken. Unter Rühren etwa 5 Minuten kochen, bis sich die Aromen vermischt haben

Sofort servieren.

42. Seitan und überbackene Kartoffeln

Ergibt 4 Portionen

- 2 Esslöffel Olivenöl
- 1 kleine gelbe Zwiebel, gehackt
- 1/4 Tasse gehackte grüne Paprika
- große Yukon Gold Kartoffeln, geschält und in 1/4-Zoll-Scheiben geschnitten
- 1/2 Teelöffel Salz
- 1/4 Teelöffel frisch gemahlener schwarzer Pfeffer
- 10 Unzen Seitan, hausgemacht oder im Laden gekauft, gehackt
- 1/2 Tasse ungesüßte Sojamilch
- 1 Esslöffel vegane Margarine
- 2 Esslöffel gehackte frische Petersilie als Beilage

Heizen Sie den Ofen auf 350 ° F vor. Eine quadratische 10-Zoll-Backform leicht einölen und beiseite stellen.

In einer Pfanne das Öl bei mittlerer Hitze erhitzen. Fügen Sie die Zwiebel und die Paprika hinzu und kochen Sie bis zart, ungefähr 7 Minuten. Beiseite legen.

In der vorbereiteten Backform die Hälfte der Kartoffeln schichten und nach Belieben mit Salz und schwarzem Pfeffer bestreuen. Die Zwiebel-Paprika-Mischung und den gehackten Seitan auf die Kartoffeln streuen. Mit den restlichen Kartoffelscheiben belegen und mit Salz und schwarzem Pfeffer abschmecken.

In einer mittelgroßen Schüssel die braune Sauce und die Sojamilch gut vermischen. Über die Kartoffeln gießen. Die oberste Schicht mit Margarine bestreichen und fest mit Folie abdecken. 1 Stunde backen. Entfernen Sie die Folie und backen Sie weitere 20 Minuten oder bis die Oberseite goldbraun ist. Sofort mit der Petersilie bestreut servieren.

43. Koreanische Nudel Stir-Fry

Ergibt 4 Portionen

- 8 Unzen Dang Myun oder Bohnenfaden Nudeln
- 2 Esslöffel geröstetes Sesamöl
- 1 Esslöffel Zucker
- $1/4$ Teelöffel Salz
- $1/4$ Teelöffel gemahlener Cayennepfeffer
- 2 Esslöffel Raps oder Traubenkernöl
- 8 Unzen Seitan, hausgemacht oder im Laden gekauft, in 1/4-Zoll-Streifen geschnitten
- 1 mittelgroße Zwiebel, längs halbiert und in dünne Scheiben geschnitten
- 1 mittelgroße Karotte, in dünne Streichhölzer geschnitten
- 6 Unzen frische Shiitake-Pilze, gestielt und in dünne Scheiben geschnitten
- 3 Tassen fein geschnittener Bok Choy oder anderer asiatischer Kohl

- 3 grüne Zwiebeln, gehackt
- 3 Knoblauchzehen, fein gehackt
- 1 Tasse Sojasprossen
- 2 Esslöffel Sesam zum Garnieren

Die Nudeln 15 Minuten in heißem Wasser einweichen. Abgießen und unter kaltem Wasser abspülen. Beiseite legen.

In einer kleinen Schüssel Sojasauce, Sesamöl, Zucker, Salz und Cayennepfeffer mischen und beiseite stellen.

In einer großen Pfanne 1 Esslöffel Öl bei mittlerer bis hoher Hitze erhitzen. Fügen Sie den Seitan hinzu und braten Sie ihn ca. 2 Minuten lang, bis er braun ist. Aus der Pfanne nehmen und beiseite stellen.

Den restlichen 1 Esslöffel Rapsöl in dieselbe Pfanne geben und bei mittlerer bis hoher Hitze erhitzen. Fügen Sie die Zwiebel und die Karotte hinzu und braten Sie sie ca. 3 Minuten lang, bis sie weich sind. Fügen Sie die Pilze, Bok Choy, Frühlingszwiebeln und Knoblauch hinzu und braten Sie sie ca. 3 Minuten lang, bis sie weich sind.

Fügen Sie die Sojabohnensprossen hinzu und braten Sie sie 30 Sekunden lang an. Fügen Sie dann die gekochten Nudeln, den gebräunten Seitan und die Sojasaucenmischung hinzu und rühren Sie um, um zu beschichten. Weiter kochen, gelegentlich umrühren, bis die Zutaten heiß und gut vermischt sind, 3 bis 5 Minuten. Auf eine große Servierplatte geben, mit Sesam bestreuen und sofort servieren.

44. Jerk-Spiced Red Bean Chili

Ergibt 4 Portionen

- 1 Esslöffel Olivenöl
- 1 mittelgroße Zwiebel, gehackt
- 10 Unzen Seitan, hausgemacht oder im Laden gekauft, gehackt
- 3 Tassen gekocht oder 2 Dosen dunkelrote Kidneybohnen, abgetropft und gespült
- (14,5 Unzen) können Tomaten zerkleinern
- (14,5 Unzen) können Tomatenwürfel abtropfen lassen
- (4 Unzen) kann gehackte milde oder heiße grüne Chilis abtropfen lassen
- ½ Tasse Barbecue-Sauce, hausgemacht oder im Laden gekauft
- 1 Tasse Wasser
- 1 Esslöffel Sojasauce

- 1 Esslöffel Chilipulver
- 1 Teelöffel gemahlener Kreuzkümmel
- 1 Teelöffel gemahlener Piment
- 1 Teelöffel Zucker
- 1/2 Teelöffel gemahlener Oregano
- 1/4 Teelöffel gemahlener Cayennepfeffer
- 1/2 Teelöffel Salz
- 1/4 Teelöffel frisch gemahlener schwarzer Pfeffer

In einem großen Topf das Öl bei mittlerer Hitze erhitzen. Zwiebel und Seitan hinzufügen. Abdecken und ca. 10 Minuten kochen, bis die Zwiebel weich ist.

Kidneybohnen, zerkleinerte Tomaten, Tomatenwürfel und Chilischoten einrühren. Barbecue-Sauce, Wasser, Sojasauce, Chilipulver, Kreuzkümmel, Piment, Zucker, Oregano, Cayennepfeffer, Salz und schwarzen Pfeffer einrühren.

Zum Kochen bringen, dann die Hitze auf mittel reduzieren und abgedeckt ca. 45 Minuten köcheln lassen, bis das Gemüse weich ist. Aufdecken und ca. 10 Minuten länger köcheln lassen. Sofort servieren.

45. Herbst Medley Eintopf

Ergibt 4 bis 6 Portionen

- 2 Esslöffel Olivenöl
- 10 Unzen Seitan, hausgemacht oder im Laden gekauft, in 1-Zoll-Würfel geschnitten
- Salz und frisch gemahlener schwarzer Pfeffer
- 1 große gelbe Zwiebel, gehackt
- 2 gehackte Knoblauchzehen
- 1 große rostrote Kartoffel, geschält und in 1/2-Zoll-Würfel geschnitten
- 1 mittelgroße Pastinake, in 1/4-Zoll-Würfel geschnitten, gehackt
- 1 kleiner Butternusskürbis, geschält, halbiert, entkernt und in 1/2-Zoll-Würfel geschnitten
- 1 kleiner Kopf Wirsing, gehackt
- 1 (14,5 Unzen) Dose Tomatenwürfel, abgetropft
- 11/2 Tassen gekocht oder 1 (15,5 Unzen) können Kichererbsen abtropfen lassen und abspülen

- 2 Tassen Gemüsebrühe, hausgemacht (siehe Leichte Gemüsebrühe) oder im Laden gekauft oder Wasser
- $\frac{1}{2}$ Teelöffel getrockneter Majoran
- $\frac{1}{2}$ Teelöffel getrockneter Thymian
- $\frac{1}{2}$ Tasse zerbröckelte Engelshaarnudeln

In einer großen Pfanne 1 Esslöffel Öl bei mittlerer bis hoher Hitze erhitzen. Fügen Sie den Seitan hinzu und kochen Sie ihn ca. 5 Minuten lang, bis er von allen Seiten braun ist. Mit Salz und Pfeffer abschmecken und beiseite stellen.

In einem großen Topf den restlichen 1 Esslöffel Öl bei mittlerer Hitze erhitzen. Fügen Sie die Zwiebel und den Knoblauch hinzu. Abdecken und ca. 5 Minuten kochen lassen, bis sie weich sind. Fügen Sie die Kartoffel, Karotte, Pastinake und Kürbis hinzu. Abdecken und ca. 10 Minuten kochen, bis sie weich sind.

Kohl, Tomaten, Kichererbsen, Brühe, Wein, Majoran, Thymian sowie Salz und Pfeffer nach Belieben einrühren. Zum Kochen bringen, dann die Hitze auf niedrig reduzieren. Abdecken und unter gelegentlichem Rühren ca. 45 Minuten kochen, bis das Gemüse weich ist. Fügen Sie den gekochten Seitan und die Nudeln hinzu und kochen Sie, bis die Nudeln zart sind und die Aromen gemischt sind, etwa 10 Minuten länger. Sofort servieren.

46. Italienischer Reis mit Seitan

Ergibt 4 Portionen

- 2 Tassen Wasser
- 1 Tasse langkörniger brauner oder weißer Reis
- 2 Esslöffel Olivenöl
- 1 mittelgelbe Zwiebel, gehackt
- 2 gehackte Knoblauchzehen
- 10 Unzen Seitan, hausgemacht oder im Laden gekauft, gehackt
- 4 Unzen weiße Pilze, gehackt
- 1 Teelöffel getrocknetes Basilikum
- ½ Teelöffel gemahlener Fenchelsamen
- ¼ Teelöffel zerkleinerter roter Pfeffer
- Salz und frisch gemahlener schwarzer Pfeffer

In einem großen Topf das Wasser bei starker Hitze zum Kochen bringen. Fügen Sie den Reis hinzu, reduzieren Sie die Hitze auf niedrig, decken Sie ihn ab und kochen Sie ihn ca. 30 Minuten lang, bis er weich ist.

In einer großen Pfanne das Öl bei mittlerer Hitze erhitzen. Fügen Sie die Zwiebel hinzu, decken Sie sie ab und kochen Sie sie etwa 5 Minuten lang, bis sie weich ist. Fügen Sie den Seitan hinzu und kochen Sie ihn unbedeckt, bis er braun ist. Die Pilze einrühren und ca. 5 Minuten länger kochen, bis sie weich sind. Basilikum, Fenchel, zerkleinerten roten Pfeffer sowie Salz und schwarzen Pfeffer nach Belieben einrühren.

Den gekochten Reis in eine große Schüssel geben. Seitanmischung einrühren und gut mischen. Eine großzügige Menge schwarzen Pfeffers hinzufügen und sofort servieren.

47. Zwei-Kartoffel-Hasch

Ergibt 4 Portionen

- 2 Esslöffel Olivenöl
- 1 mittelrote Zwiebel, gehackt
- 1 mittelrote oder gelbe Paprika, gehackt
- 1 gekochte mittelrote Kartoffel, geschält und in 1/2-Zoll-Würfel geschnitten
- 1 gekochte mittelgroße Süßkartoffel, geschält und in 1/2-Zoll-Würfel geschnitten
- 2 Tassen gehackter Seitan, hausgemacht
- Salz und frisch gemahlener schwarzer Pfeffer

48. In einer großen Pfanne das Öl bei mittlerer Hitze erhitzen. Zwiebel und Paprika hinzufügen. Abdecken und ca. 7 Minuten kochen, bis sie weich sind.

49. Die weiße Kartoffel, die Süßkartoffel und den Seitan hinzufügen und mit Salz und Pfeffer abschmecken. Unbedeckt unter häufigem Rühren ca. 10 Minuten kochen, bis sie leicht gebräunt sind. Heiß servieren.

48. Saure Sahne Seitan Enchiladas

DIENSTLEISTUNGEN 8

ZUTATEN

Seitan

- 1 Tasse lebenswichtiges Weizenglutenmehl
- 1/4 Tasse Kichererbsenmehl
- 1/4 Tasse Nährhefe
- 1 Teelöffel Zwiebelpulver
- 1/2 Teelöffel Knoblauchpulver
- 1 1/2 Teelöffel Gemüsebrühe Pulver
- 1/2 Tasse Wasser
- 2 Esslöffel frisch gepresster Zitronensaft
- 2 Esslöffel Sojasauce
- 2 Tassen Gemüsebrühe

Saure Sahnesauce

- 2 Esslöffel vegane Margarine
- 2 Esslöffel Mehl
- 1 1/2 Tassen Gemüsebrühe
- 2 (8 oz) Kartons vegane saure Sahne
- 1 Tasse Salsa Verde (Tomatillo Salsa)
- 1/2 Teelöffel Salz
- 1/2 Teelöffel gemahlener weißer Pfeffer
- 1/4 Tasse gehackter Koriander

Enchiladas

- 2 Esslöffel Olivenöl
- 1/2 mittelgroße Zwiebel, gewürfelt
- 2 Knoblauchzehen, gehackt
- 2 gehackte Serrano-Chilis (siehe Tipp)
- 1/4 Tasse Tomatenmark
- 1/4 Tasse Wasser
- 1 Esslöffel Kreuzkümmel
- 2 Esslöffel Chilipulver
- 1 Teelöffel Salz
- 15-20 Maistortillas
- 1 (8 oz) Packung Daiya Cheddar Style Shreds
- 1/2 Tasse gehackter Koriander

METHODE

a) Bereiten Sie den Seitan vor. Ofen auf 325 Grad Fahrenheit vorheizen. Eine Deckelauflaufform leicht mit Antihaftspray einölen. Mehl, Nährhefe, Gewürze und Gemüsebrühe in einer großen Schüssel vermengen. Mischen Sie das Wasser, Zitronensaft und Sojasauce in einer kleinen

Schüssel. Die feuchten Zutaten zu den trockenen Zutaten geben und umrühren, bis sich ein Teig bildet. Passen Sie die Menge an Wasser oder Gluten nach Bedarf an (siehe Tipp). Den Teig 5 Minuten lang kneten und dann zu einem Laib formen. Den Seitan in die Auflaufform geben und mit 2 Tassen Gemüsebrühe bedecken. Abdecken und 40 Minuten kochen lassen. Drehen Sie das Brot um, decken Sie es ab und kochen Sie es weitere 40 Minuten lang. Nehmen Sie den Seitan aus der Schüssel und lassen Sie ihn ruhen, bis er kühl genug ist.

b) Stecken Sie eine Gabel in die Oberseite des Seitan-Laibs und halten Sie es mit einer Hand fest. Verwenden Sie eine zweite Gabel, um das Brot in kleine Stücke zu zerkleinern und zu zerbröckeln.

c) Bereiten Sie die Sauerrahmsauce vor. Die Margarine in einem großen Topf bei mittlerer Hitze schmelzen. Mehl mit einem Schneebesen einrühren und 1 Minute kochen lassen. Gießen Sie die Gemüsebrühe langsam unter ständigem Rühren ein, bis sie glatt ist. 5 Minuten kochen lassen und weiter verquirlen, bis die Sauce eingedickt ist. Die saure Sahne und die Salsa Verde unterrühren und die restlichen Zutaten der Sauce unterrühren. Nicht kochen lassen, sondern kochen, bis es durchgeheizt ist. Vom Herd nehmen und beiseite stellen.

d) Bereiten Sie die Enchiladas vor. Olivenöl in einer großen Pfanne bei mittlerer Hitze erhitzen. Fügen Sie Zwiebel hinzu und kochen Sie 5 Minuten oder bis durchscheinend. Fügen Sie Knoblauch und Serrano Chilis hinzu und kochen Sie noch 1 Minute. Geschredderter Seitan, Tomatenmark,

Kreuzkümmel, Chilipulver und Salz einrühren. 2 Minuten kochen, dann vom Herd nehmen.

e) Den Backofen auf 350 Grad Fahrenheit vorheizen. Die Tortillas auf einer Pfanne oder in der Mikrowelle erwärmen und mit einem Küchentuch abdecken. 1 Tasse Sauerrahmsauce auf dem Boden einer 5-Liter-Auflaufform verteilen. Stellen Sie eine knappe 1/4 Tasse der zerkleinerten Seitan-Mischung und 1 Esslöffel Daiya auf eine Tortilla. Aufrollen und mit der Naht nach unten in die Auflaufform legen. Wiederholen Sie mit den restlichen Tortillas. Die Enchiladas mit der restlichen Sauerrahmsauce bedecken und mit Daiya bestreuen.

f) Backen Sie Enchiladas 25 Minuten lang oder bis sie sprudeln und leicht gebräunt sind. 10 Minuten abkühlen lassen. Mit 1/2 Tasse gehacktem Koriander bestreuen und servieren.

49. Veganer gefüllter Seitanbraten

Zutaten

Für den Seitan:

- 4 große Knoblauchzehen
- 350 ml Gemüsebrühe kalt
- 2 EL Sonnenblumenöl
- 1 TL Marmite optional

- 280 g lebenswichtiges Weizengluten
- 3 EL Hefeflocken
- 2 TL süßer Paprika
- 2 TL pflanzliches Brühpulver
- 1 TL frische Rosmarinnadeln
- ½ TL schwarzer Pfeffer

Plus:

- 500 g vegane Rotkohl- und Pilzfüllung
- 300 g würziges Kürbispüree
- Metrik - US-üblich

Anleitung

a) Heizen Sie Ihren Backofen auf 180 ° C vor.

b) Mischen Sie in einer großen Rührschüssel das lebenswichtige Weizengluten, die Nährhefe, das Brühpulver, den Paprika, den Rosmarin und den schwarzen Pfeffer.

c) Mit einem Mixer (Arbeitsplatte oder Eintauchen) Knoblauch, Brühe, Öl und Marmite zusammenblitzen und dann zu den trockenen Zutaten geben.

d) Gut mischen, bis alles eingearbeitet ist, und dann fünf Minuten lang kneten. (Anmerkung 1)

e) Rollen Sie den Seitan auf einem großen Stück Silikon-Backpapier in eine vage rechteckige Form, bis er etwa 1,5 cm dick ist.

f) Reichlich mit dem Kürbispüree bestreichen und dann eine Schicht Kohl- und Pilzfüllung hinzufügen.

g) Rollen Sie den Seitan mit dem Backpapier und beginnend an einem der kurzen Enden vorsichtig in eine Holzform. Versuchen Sie dabei, den Seitan nicht zu dehnen. Drücken Sie die Enden des Seitans zusammen, um sie zu versiegeln.

h) Wickeln Sie den Stamm fest in Aluminiumfolie. Wenn Ihre Folie dünn ist, verwenden Sie zwei oder drei Schichten.

i) (Ich wickle meine wie einen riesigen Toffee ein - und drehe die Enden der Folie fest, um zu verhindern, dass sie sich löst!)

j) Legen Sie den Seitan direkt auf ein Regal in der Mitte des Ofens und kochen Sie ihn zwei Stunden lang. Drehen Sie ihn alle 30 Minuten um, um ein gleichmäßiges Garen und Bräunen zu gewährleisten.

k) Lassen Sie den gefüllten Seitan-Braten nach dem Kochen 20 Minuten in der Verpackung ruhen, bevor Sie ihn in Scheiben schneiden.

l) Servieren Sie mit traditionellem gebratenem Gemüse, Make-Ahead-Pilzsauce und anderen Zutaten, die Sie mögen.

50. Kubanisches Seitan-Sandwich

Zutaten

- Mojo gerösteter Seitan:
- 3/4 Tasse frischer Orangensaft
- 3 Esslöffel frischer Limettensaft
- 3 Esslöffel Olivenöl
- 4 Knoblauchzehen, gehackt
- 1 Teelöffel getrockneter Oregano
- 1/2 Teelöffel gemahlener Kreuzkümmel
- 1/2 Teelöffel Salz
- 1/2 Pfund Seitan, in 1/4-Zoll-dicke Scheiben geschnitten

Zur Montage:

- 4 vegane U-Boot-Sandwich-Brötchen (6 bis 8 Zoll lang) oder 1 weiches veganes italienisches Brot, in der Breite in 4 Stücke geschnitten
- Vegane Butter bei Raumtemperatur oder Olivenöl

- Gelber Senf
- 1 Tasse Brot-und-Butter-Gurkenscheiben 8 Scheiben im Laden gekaufter veganer Schinken
- 8 Scheiben mild schmeckender veganer Käse (amerikanischer oder gelber Käsegeschmack bevorzugt)

Richtungen

a) Seitan vorbereiten: Den Backofen auf 375 ° F vorheizen. Alle Mojo-Zutaten außer dem Seitan in einer 7 x 11 Zoll großen Backform aus Keramik oder Glas verquirlen. Fügen Sie die Seitan-Streifen hinzu und werfen Sie sie, um sie mit der Marinade zu bestreichen. 10 Minuten rösten, dann die Scheiben einmal umdrehen, bis die Ränder leicht gebräunt sind und noch etwas saftige Marinade übrig ist (nicht überbacken!). Aus dem Ofen nehmen und zum Abkühlen beiseite stellen.

b) Sandwiches zusammenstellen: Jede Rolle oder jedes Stück Brot horizontal in zwei Hälften schneiden und beide Hälften großzügig mit der Butter bestreichen oder mit Olivenöl bestreichen. Auf die untere Hälfte jeder Rolle eine dicke Schicht Senf, ein paar Scheiben Gurke, zwei Scheiben Schinken und ein Viertel der Seitanscheiben verteilen und mit zwei Scheiben Käse belegen.

c) Tupfen Sie etwas von der restlichen Marinade auf die Schnittseite der anderen Hälfte der Rolle und legen Sie sie dann auf die untere Hälfte des Sandwichs. Die Außenseiten des Sandwichs mit etwas mehr Olivenöl bestreichen oder mit der Butter bestreichen.

d) Eine 10 bis 12 Zoll große Gusseisenpfanne bei mittlerer Hitze vorheizen. Übertragen Sie vorsichtig zwei Sandwiches in die Pfanne und geben Sie etwas Schweres und Hitzebeständiges darauf, z. B. eine andere gusseiserne Pfanne oder einen Ziegelstein, der mit mehreren Schichten Hochleistungsaluminiumfolie bedeckt ist. Grillen Sie das Sandwich 3 bis 4 Minuten lang und achten Sie dabei sorgfältig darauf, dass das Brot nicht verbrennt. Wenn nötig, senken Sie die Hitze leicht, während das Sandwich kocht.

e) Wenn das Brot geröstet aussieht, entfernen Sie die Pfanne / den Ziegelstein und drehen Sie jedes Sandwich vorsichtig mit einem breiten Spatel um. Drücken Sie erneut mit dem Gewicht und kochen Sie weitere 3 Minuten, bis der Käse heiß und schmelzig ist.

f) Entfernen Sie das Gewicht, übertragen Sie jedes Sandwich auf ein Schneidebrett und schneiden Sie es mit einem gezackten Messer diagonal in Scheiben. Heiß servieren!

FAZIT

Tempeh bietet einen stärkeren nussigen Geschmack und ist dichter und enthält mehr Ballaststoffe und Eiweiß. Seitan ist hinterhältiger als Tempeh, da es aufgrund seines herzhaften Flavos oft als Fleisch übergeht. Als Bonus ist es auch höher in Protein und niedriger in Kohlenhydraten.

Seitan ist das am wenigsten pflanzliche Protein, das die geringste Menge an Zubereitung benötigt. Normalerweise können Sie Fleisch in Rezepten durch Seitan ersetzen, indem Sie es 1: 1 ersetzen. Im Gegensatz zu Fleisch müssen Sie vor dem Essen nicht erhitzen. Eine der besten Möglichkeiten, es zu verwenden, ist als Streusel in einer Nudelsauce.

Wenn es um Tempeh geht, ist es wichtig, gut zu marinieren. Zu den Marinadeoptionen gehören Sojasauce, Limetten- oder Zitronensaft, Kokosmilch, Erdnussbutter, Ahornsirup, Ingwer oder Gewürze. Wenn Sie keine Stunden Zeit haben, um Ihr Tempeh zu marinieren, können Sie es mit Wasser dämpfen, um es aufzuweichen und poröser zu machen.

Lightning Source UK Ltd.
Milton Keynes UK
UKHW050654090621
385193UK00001B/48